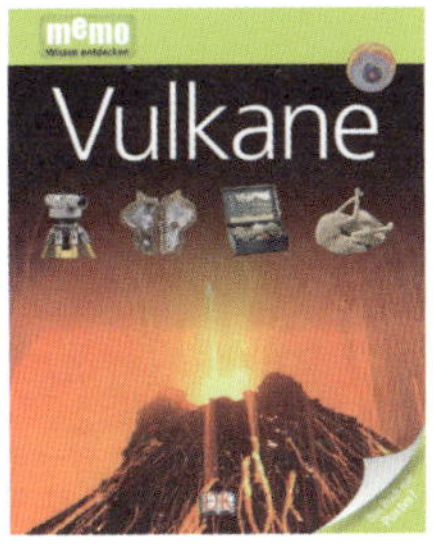
memo
Vulkane
37

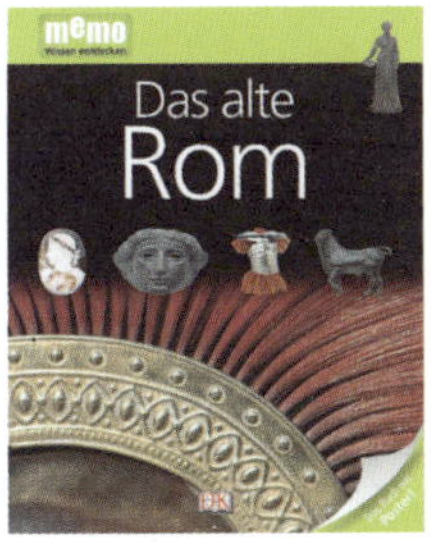
memo
Das alte Rom
38

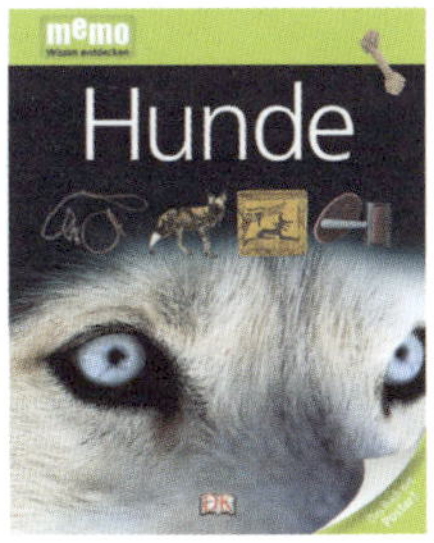
memo
Hunde
39

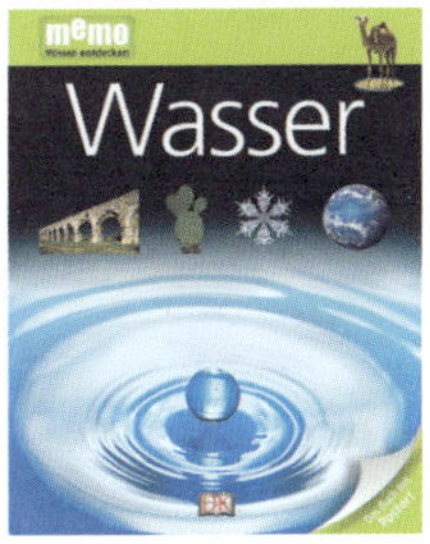
memo
Wasser
40

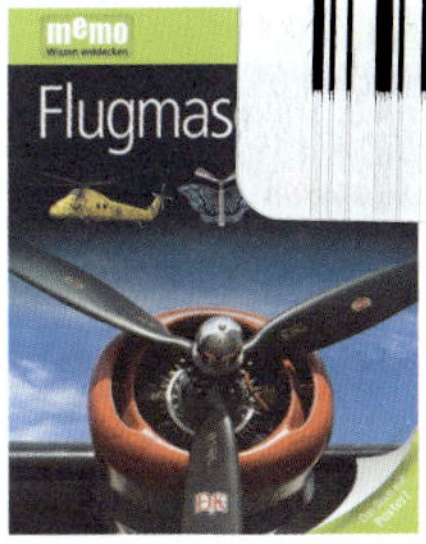
memo
Flugmas
41

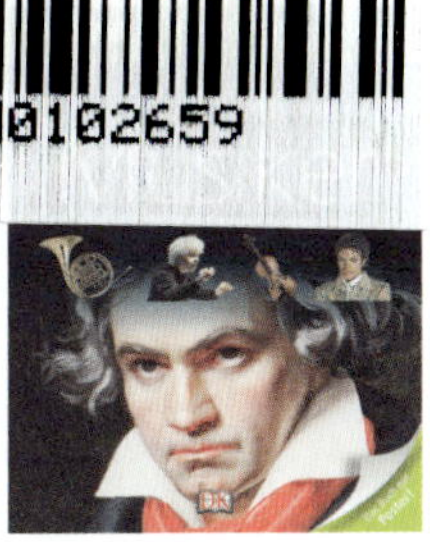
42

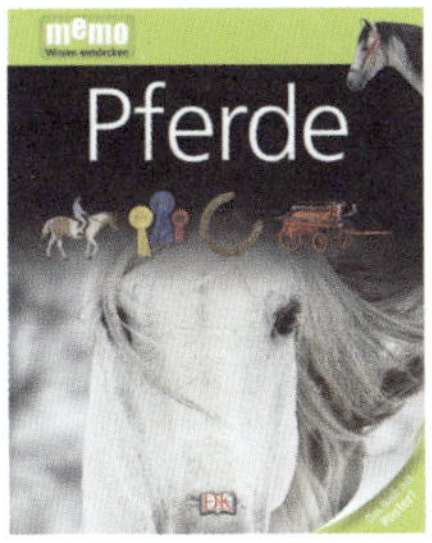
memo
Pferde
43

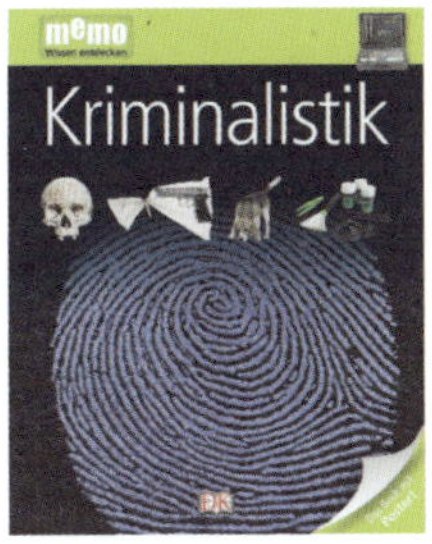
memo
Kriminalistik
44

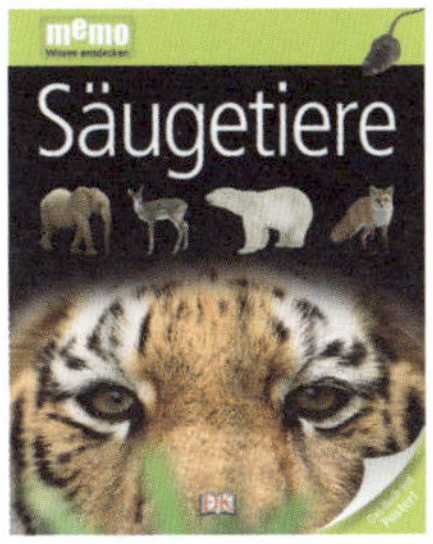
memo
Säugetiere
45

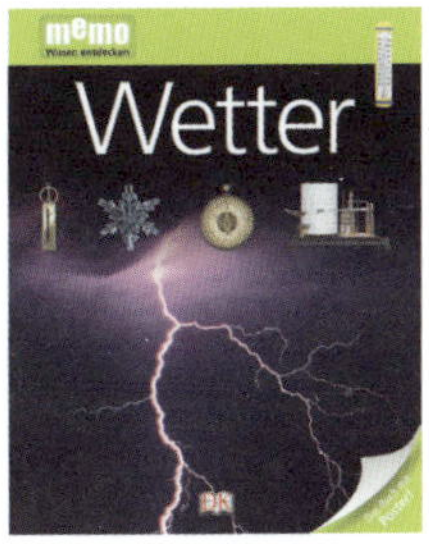
memo
Wetter
46

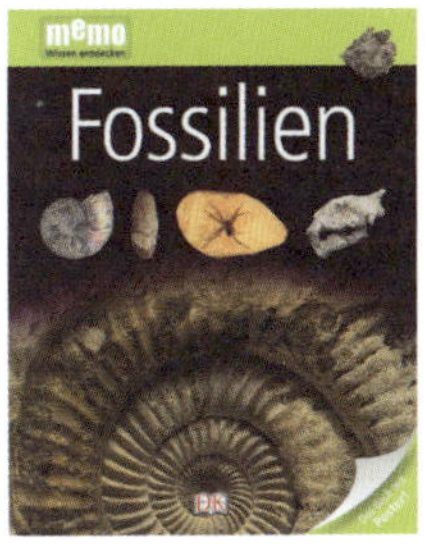
memo
Fossilien
47

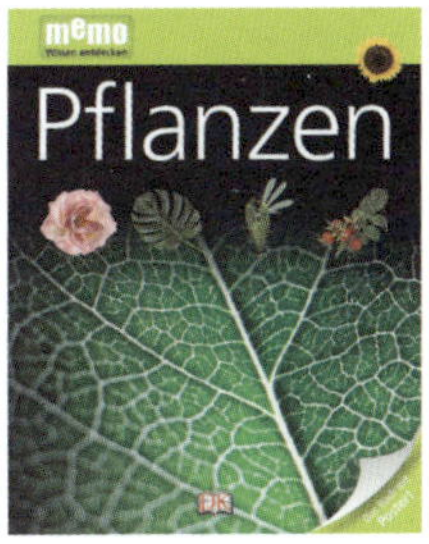
memo
Pflanzen
48

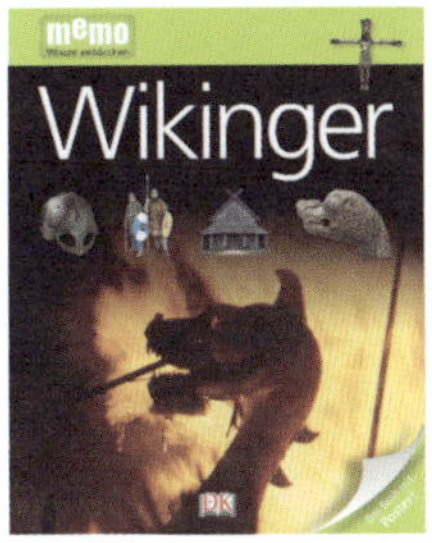
memo
Wikinger
49

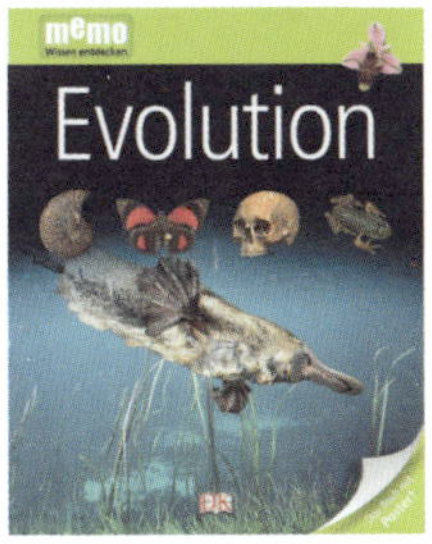
memo
Evolution
50

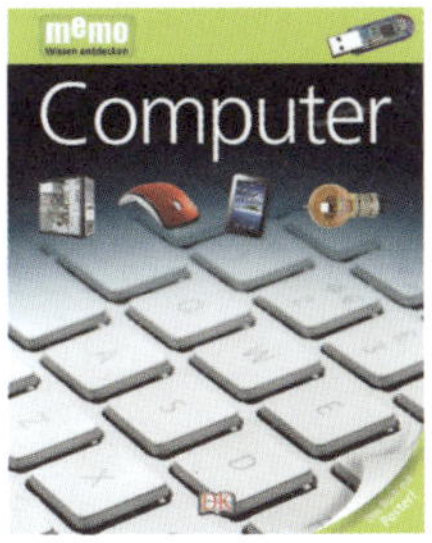
memo
Computer
51

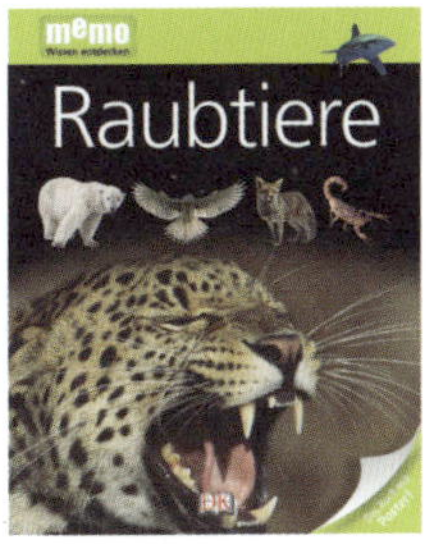
memo
Raubtiere
52

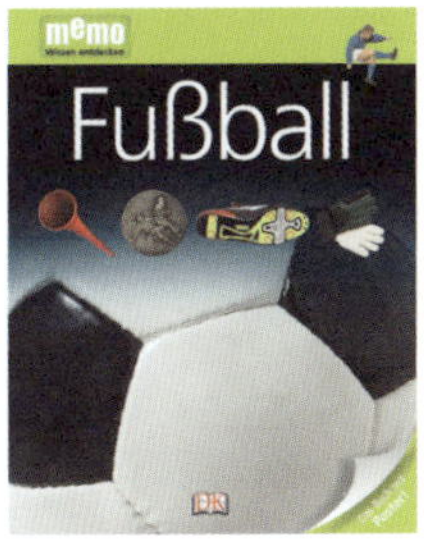
memo
Fußball
53

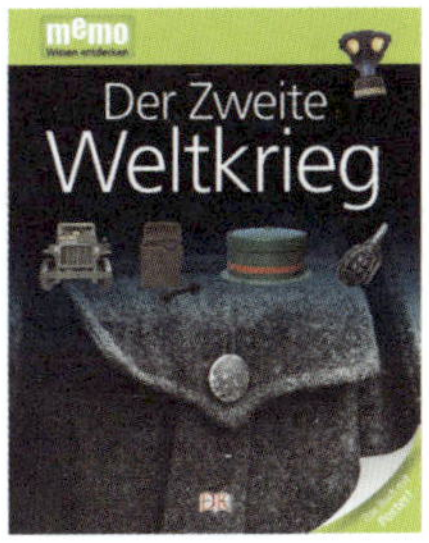
memo
Der Zweite Weltkrieg
54

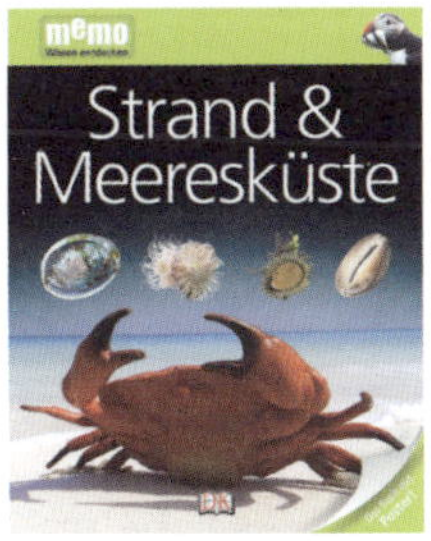
memo
Strand & Meeresküste
55

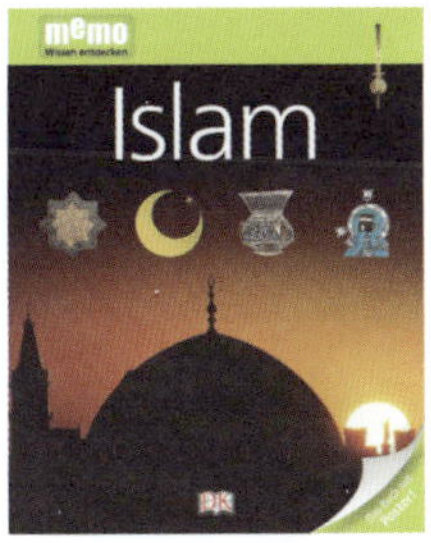
memo
Islam
56

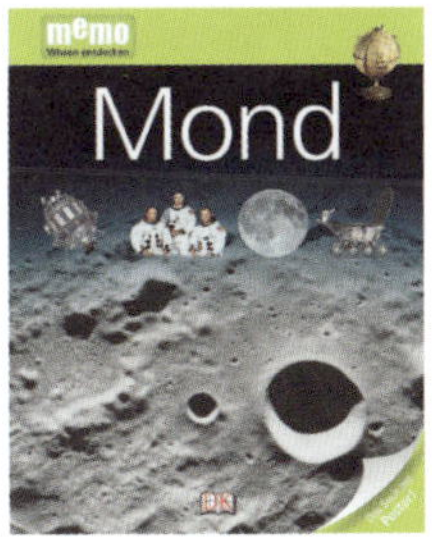
memo
Mond
57

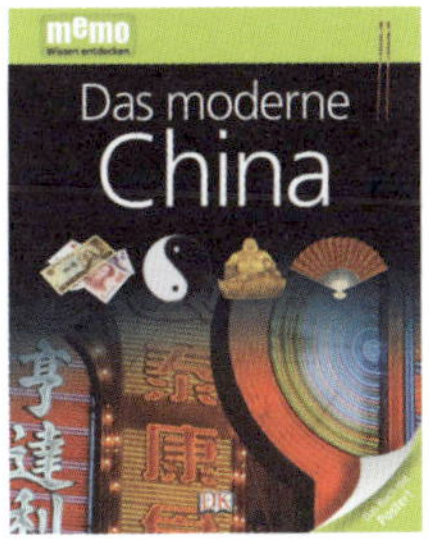
memo
Das moderne China
58

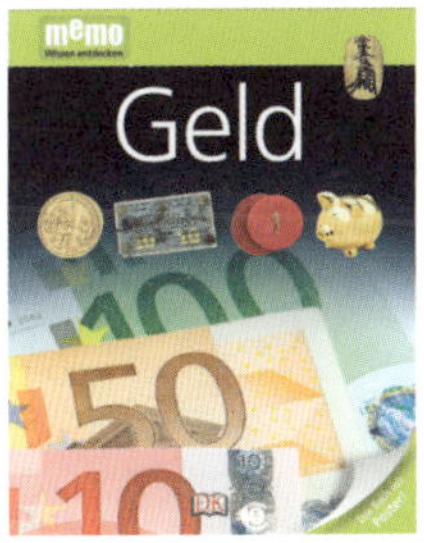
memo
Geld
59

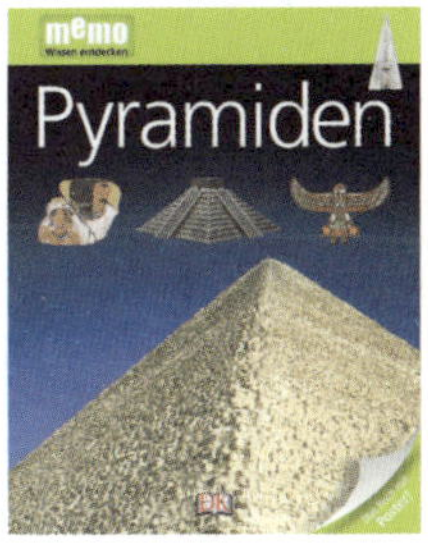
memo
Pyramiden
60

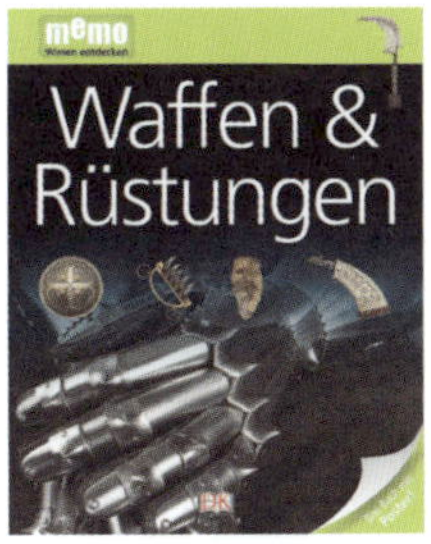
memo
Waffen & Rüstungen
61

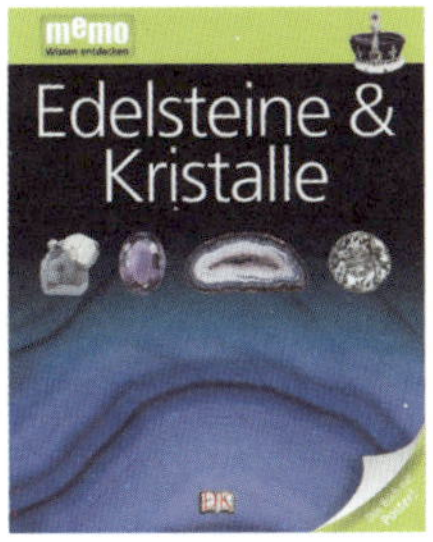
memo
Edelsteine & Kristalle
62

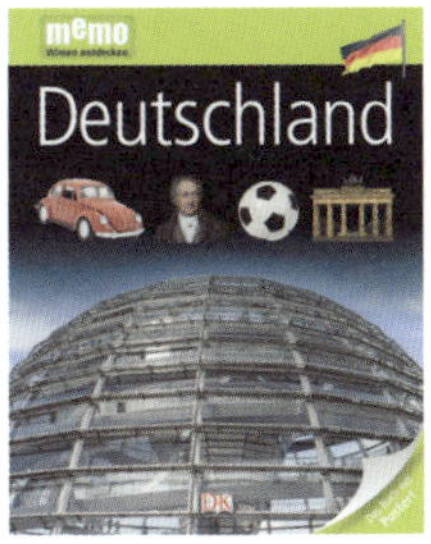
memo
Deutschland
63

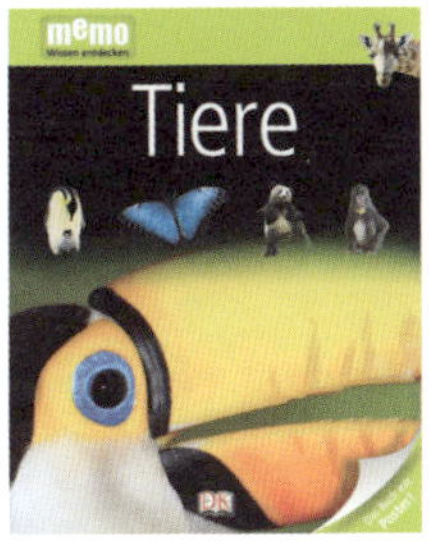
memo
Tiere
64

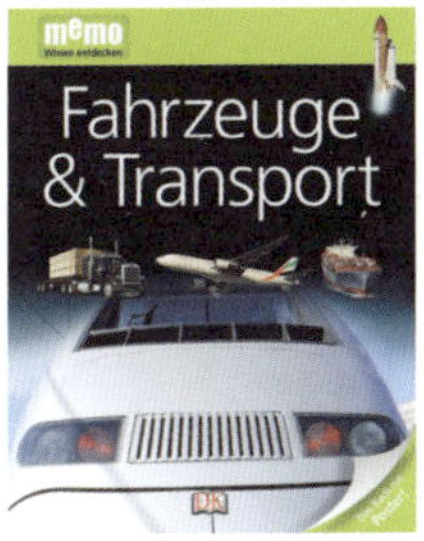
memo
Fahrzeuge & Transport
65

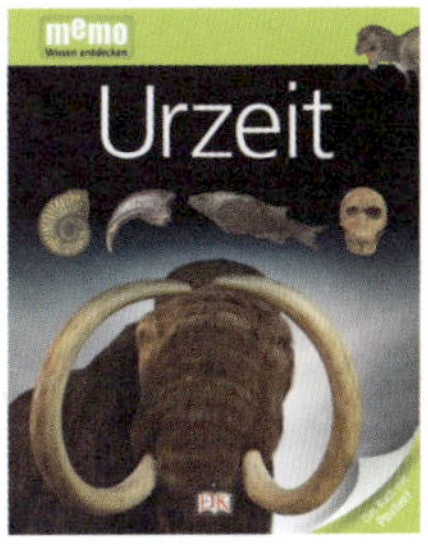
memo
Urzeit
66

memo
Arktis & Antarktis
67

memo
Der Erste Weltkrieg
68

Alphabetische Reihenfolge der Bände auf der letzten Seite

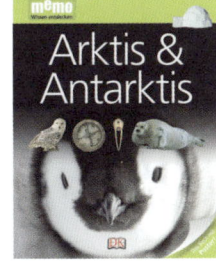

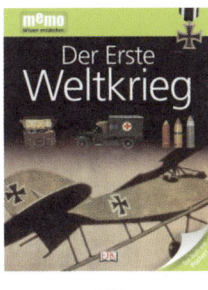

# Deutschland

Typisches Mitbringsel vom Münchener Oktoberfest

Bier

Das ostdeutsche Ampelmännchen

Märklin-Modelleisenbahn aus dem Jahr 1902

Karl Benz' Motorwagen

Fußball

Die Verfassung der Bundesrepublik Deutschland

Es gibt in Deutschland über 300 Brotsorten.

Frauenkirche (Dresden)

# Deutschland

Text von
Rainer Aschemeier

Das Wahrzeichen Berlins: das Brandenburger Tor

Weihnachtspyramide aus dem Erzgebirge

VW-Käfer

**DORLING KINDERSLEY**
London, New York, Melbourne, München und Delhi

Bibliografische Information Der Deutschen Bibliothek
Die Deutsche Bibliothek verzeichnet diese Publikation in der Deutschen Nationalbibliografie; detaillierte bibliografische Daten sind im Internet über http://dnb.ddb.de abrufbar.

© Dorling Kindersley Verlag GmbH, München, 2012

**Programmleitung** Monika Schlitzer
**Herstellungsleitung** Dorothee Whittaker
**Redaktionsleitung** Martina Glöde
**Projektbetreuung und Redaktion** Janna Heimberg
**Bildredaktion** Janna Heimberg, Katharina Dürmeier, Martin Copeland, Rob Nunn
**Herstellung und Covergestaltung** Anna Ponton

**Text und Bildrecherche** Projektmanagement & Verlagslösungen Dr. Rainer Aschemeier
**Lektorat** Claudia Boss-Teichmann
**Layout und Satz** schreiberVIS, Büro für visuelle Gestaltung, Bickenbach
**Repro** Medienservice Farbsatz, Neuried

ISBN 978-3-8310-2171-0

Printed and bound in China by Toppan

Besuchen Sie uns im Internet
www.dorlingkindersley.de

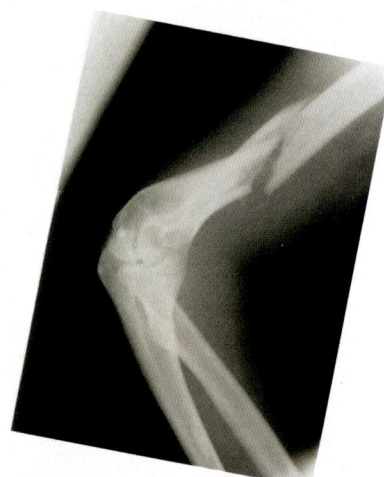
Röntgen-Aufnahme:
Wilhelm Conrad Röntgen entdeckte die nach ihm benannte Strahlung.

Fachwerkhaus in Rothenburg ob der Tauber

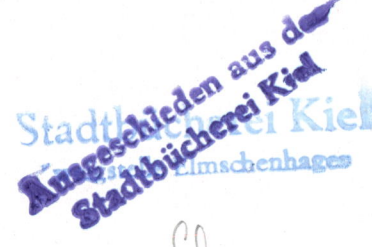

Schulanfänger mit Schultüte

# Inhalt

| | |
|---|---|
| Typisch deutsch? | 6 |
| Deutschland stellt sich vor | 8 |
| Regionale Vielfalt | 10 |
| Tiere und Pflanzen | 14 |
| Vorfahren der Deutschen | 16 |
| Mittelalter | 18 |
| Die Reformation und ihre Folgen | 20 |
| Der Weg zum Nationalstaat | 22 |
| Der Erste Weltkrieg und die Weimarer Republik | 24 |
| Der Nationalsozialismus | 26 |
| Der Zweite Weltkrieg | 28 |
| Zwei deutsche Staaten | 30 |
| Leben in der DDR | 34 |
| Die Mauer fällt | 36 |
| Politisches System | 40 |
| Demokratie | 42 |
| Schule | 44 |
| Die Welt in Deutschland | 46 |
| Deutschland in der Welt | 48 |
| Wirtschaft – made in Germany | 50 |
| Literatur, Theater und Film | 52 |
| Kunst | 54 |
| Klassische Musik | 56 |
| Rock und Pop | 58 |
| Erfinder und Entdecker | 60 |
| Sport | 62 |
| Chronik | 64 |
| Berühmte Deutsche | 66 |
| Gut zu wissen | 68 |
| Neugierig geworden? | 69 |
| Glossar | 70 |
| Register | 72 |

Himmelsscheibe von Nebra

# Typisch deutsch?

Viele Touristen aus dem Ausland besuchen Deutschland und haben oft ganz bestimmte Vorstellungen davon, was sie hier erwartet. Doch ganz oft stimmen Klischees gar nicht: Ebenso wenig, wie Franzosen ständig Baguette essen oder es in London ganzjährig neblig ist, sind die Deutschen dauernd in der Lederhose unterwegs. Brezeln essen wir nur manchmal und auch Bier wird nicht von morgens bis abends getrunken.

Currywurst

### WAS KOMMT AUF DEN TISCH?
Traditionelle deutsche Gerichte wie Sauerkraut oder Eisbein werden in Deutschland nicht mehr so oft wie früher gegessen. Denn inzwischen gehören auch viele Spezialitäten aus anderen Ländern zu unseren Lieblingsspeisen: Spaghetti und Pizza aus Italien, Pommes frites aus Belgien, der Döner aus der Türkei oder der Hamburger aus den USA. Ein typisch deutscher Imbiss ist dagegen die Currywurst. Sie wurde nach dem Zweiten Weltkrieg erfunden und verbreitete sich von Hamburg und Berlin aus über ganz Deutschland.

Über 300 Brotsorten gibt es in Deutschland. Vom dunklen Schwarzbrot mit ganzen Körnern über Mischbrote bis hin zum hellen Weißbrot sind viele Köstlichkeiten dabei.

Typisch deutsches Gericht: Sauerkraut

### DIE „DEUTSCHEN TUGENDEN"
Ordnung, Sauberkeit, Fleiß und Pünktlichkeit sind Eigenschaften, die man den Deutschen nachsagt. Doch die deutschen Städte haben auch schmutzige Ecken, manche Deutsche kommen häufig zu spät und in den Wohnungen herrscht auch mal Durcheinander. Damit sind diese „deutschen Tugenden" genauso unzutreffend wie das Gerücht, dass Deutsche nicht ausgelassen oder lustig sein könnten oder schlechte Tänzer wären. Jeder Mensch ist eben anders – auch in Deutschland.

Die Züge der Deutschen Bahn sind zwar meistens pünktlich, aber gar nicht so selten kommt es auch zu Verspätungen.

### LEDERHOSE, BREZELN, WEISSBIER ...
Manche Hollywood-Spielfilme stellen es so dar, als würden alle Deutschen im Herbst Oktoberfest feiern, Lederhose tragen und Bier trinken. Im Südwesten z. B. trinken die Menschen aber lieber Wein als Bier, und auf den Weinfesten in der Region sind Lederhosen nicht gefragt. Sie sind ein typisch bayerisches Kleidungsstück, das auch dort nur noch zu bestimmten Anlässen getragen wird. Auch Brezeln sind v. a. in Süddeutschland verbreitet. Im Norden gibt es andere Trachten, Feste und Spezialitäten.

Die Brüder Grimm sammelten nicht nur Märchen, sondern verfassten auch das erste Wörterbuch der „hochdeutschen" Sprache.

### DEUTSCHE SPRACHE
Von Plattdeutsch oder Berlinerisch über Rheinländisch, Hessisch oder Sächsisch bis zu Fränkisch, Schwäbisch oder Bayerisch – in Deutschland gibt es so viele Dialekte und Mundarten wie es Regionen gibt. In manchen Gebieten spricht man sogar in jedem Dorf etwas anders. Nur wenige Menschen sprechen also „reines" Hochdeutsch. Im Rest des Lands können die Unterschiede so groß sein, dass sich zwei Deutsche nicht verständigen können – zumindest nicht in ihrem Dialekt. Heißt es nun Brötchen, Schrippe, Semmel, Weck oder Rundstück?

Ein Lebkuchenherz gehört zu den typischen Mitbringseln vom Münchener Oktoberfest.

### KARNEVAL, FASCHING UND FASTNACHT
Man wird kaum ein Land finden, in dem die närrische Zeit vielfältiger gefeiert wird als in Deutschland. Am bekanntesten ist der rheinische Karneval, der in Städten wie Köln, Mainz und Düsseldorf Tradition hat. Mit geschmückten Wagen ziehen die Menschen in reich verzierten Gardeuniformen mit Dreispitzhüten durch die Stadt. In Südwestdeutschland ist die alemannische Fastnacht vorherrschend. Dabei gibt es traditionell überlieferte Figuren, die Hexen- oder Teufelsmasken tragen, schreien und wild umherspringen. Diese Sitte geht darauf zurück, dass man mit dem Fastnachtsumzug früher den Winter austreiben wollte.

# Deutschland stellt sich vor

Deutschland liegt im Herzen Europas und ist ein Bindeglied zwischen West- und Osteuropa. Es besitzt eine große landschaftliche Vielfalt und kann in drei Großräume eingeteilt werden: weitgehend flache Regionen im Norden, die von Mittelgebirgen geprägte Mitte Deutschlands und der Süden mit dem Alpenvorland und dem Hochgebirge der Alpen. Deutschland ist in 16 Bundesländer untergliedert. Das größte Bundesland ist Bayern, das kleinste ist Bremen.

### HAMBURGER HAFEN – DAS TOR ZUR WELT
Hamburg ist mit 1,7 Mio. Einwohnern die zweitgrößte Stadt Deutschlands. In dem weltbekannten Hafen werden jährlich fast 10 Mio. Container von Schiffen entladen. Aufeinandergestapelt ergäbe das einen unvorstellbar hohen Turm von 25 910 km Höhe! Trotz dieses enormen Warenumsatzes hat sich der Hafen sein traditionelles Umfeld mit Märkten, Kneipen und Restaurants bewahrt und ist deswegen beliebt bei Einheimischen und Touristen.

### INDUSTRIELAND DEUTSCHLAND
Deutschland gehört zu den wichtigsten Wirtschaftsstandorten Europas und zählt zu den erfolgreichsten Industrienationen weltweit. Die Autoindustrie spielt eine besonders große Rolle: Viele deutsche Städtenamen werden mit einem Autohersteller verbunden – München mit BMW und Stuttgart mit Daimler und Porsche. Wolfsburg ist Sitz des Herstellers Volkswagen. Ganze Stadtteile entstanden hier neu, um Wohnraum für die Arbeiter der nahe gelegenen Autofabrik zu schaffen.

Große Teile der Wolfsburger Autoproduktion werden heute voll automatisiert von Roboterarmen übernommen.

### MALERISCHER RHEIN
Unter den deutschen Flüssen besitzt der Rhein eine Ausnahmestellung, denn an seinen Ufern ist durch jahrtausendelangen Weinanbau eine Kulturlandschaft entstanden, die an Schönheit ihresgleichen sucht. Das Rheintal zwischen Bingen und Koblenz wurde 2008 sogar in die Liste des UNESCO-Weltkulturerbes aufgenommen. Malerische Burgen wurden entlang der Steilhänge des Rheins errichtet, wo man auch den legendären Loreley-Felsen findet. Auf ihm soll der Legende nach einst eine Nixe namens Loreley Rheinschiffer angelockt haben, sodass deren Schiffe am steilen Ufer zerschellten.

### DEUTSCHLANDS INSELN

Vor den deutschen Nord- und Ostseeküsten liegen viele Inseln, die im Sommer bei Badetouristen sehr beliebt sind. Einige Nordseeinseln entstanden erst vor wenigen Hundert Jahren, als Sturmfluten das umgebende Land fortgespült oder unter Wasser gesetzt haben. Die Ostseeinseln hingegen sind wesentlich älter. Sie entstanden während der letzten Eiszeit vor etwa 10 000 Jahren. Die größte deutsche Insel, Rügen, liegt in der Ostsee und ist besonders für ihre Steilküste mit den leuchtend weißen Kreidefelsen bekannt.

Das Brandenburger Tor ist Symbol für die Teilung Deutschlands und das Wahrzeichen von Berlin.

### BERLIN – DIE HAUPTSTADT

Berlin ist nicht nur ein eigenes Bundesland, sondern auch die Hauptstadt der Bundesrepublik Deutschland. Dort arbeiten die Abgeordneten des Bundestags und die Bundesregierung. Mit rund 3,5 Mio. Einwohnern ist es zudem die größte deutsche Stadt. Berlin hat eine besondere Geschichte: Fast 30 Jahre lang verlief mitten durch die Stadt eine Mauer (S. 32), die sie in zwei Hälften teilte. Ostberlin gehörte zur Deutschen Demokratischen Republik (DDR). Westberlin gehörte zur Bundesrepublik (BRD) und lag wie eine Insel innerhalb der DDR.

### LANDWIRTSCHAFT

Weite Flächen Deutschlands werden für die Landwirtschaft genutzt. Die Börderegionen Norddeutschlands sind besonders fruchtbar. Hier werden z. B. wertvoller Weizen und energiereiche Zuckerrüben angebaut. In der Hildesheimer Börde in Niedersachsen und der Warburger Börde in Nordrhein-Westfalen sind die Böden so fruchtbar, wie nirgendwo sonst in Deutschland. Deutschland ist auch der größte Milchproduzent der EU. Deshalb sieht man überall im Land große Weiden, auf denen Kühe grasen.

Das „Märchenschloss" Neuschwanstein war Vorbild für das berühmte Disney-Schloss. Heute besuchen es jährlich mehr als 1,3 Mio. Touristen – eine von vielen historischen Sehenswürdigkeiten in Deutschland.

### URLAUB IN DEUTSCHLAND

Deutschland ist ein reizvolles Reiseland. Hunderte historischer Bauten warten auf Besucher, darunter herausragende Architekturdenkmäler. Bayern ist das beliebteste Urlaubsziel: Neben der Landeshauptstadt München locken die höchsten Berge Deutschlands die Touristen zum Wandern und Skifahren in die Bayerischen Alpen. An der Romantischen Straße reiht sich eine Sehenswürdigkeit an die nächste – von der Barockstadt Würzburg bis zum Schloss Neuschwanstein.

# Regionale Vielfalt

Eine Reise durch Deutschland eröffnet ein vielfältiges Bild und führt durch zahlreiche Regionen, die ihre Eigenheiten und Traditionen oft liebevoll pflegen. Vom Badeurlaub über Wanderferien bis hin zum Skitourismus ist in Deutschland vieles möglich. Doch auch die Gebiete, in denen Feriengäste sich seltener tummeln, wie beispielsweise im industriegeprägten Ruhrgebiet, besitzen ihre Highlights.

Das Rathaus von Stralsund und die angrenzenden kleinen Häuser sind typische Beispiele für die Backstein-Architektur der Hanse.

### DIE KÜSTEN
Wie an allen Küsten gibt es auch in Deutschland Fischerboote, Strand und Leuchttürme. Doch der Nationalpark Wattenmeer ist etwas Besonderes! An diesem Teil der Nordseeküste zieht sich das Meer bei Ebbe weit zurück, sodass der Meeresboden jeden Tag über Stunden offen daliegt. Bei Flut kommt das Meer wieder zurück und der Meeresspiegel steigt. Das liegt an den Gezeiten, die von der Anziehungskraft des Monds abhängig sind.

### DIE HANSESTÄDTE
Viele Städte Norddeutschlands gehörten der Hanse an, einem mittelalterlichen Bund von Kaufmannsstädten. Sie belieferten den gesamten Nord- und Ostseeraum mit ihren Waren. Heute erkennt man die frühere Gemeinsamkeit dieser Städte noch an ihrer Architektur. Die Altstädte von Bremen, Lübeck, Hamburg, Rostock und Wismar sind alle mit Backsteinhäusern bebaut. Prächtige Giebel schmückten die Häuser der Kaufleute, die dadurch ihre Macht zeigen wollten: Der, dessen Haus von außen am prächtigsten aussah, war in aller Regel auch der reichste und wichtigste Mann im Ort.

Bei Ebbe kann man zu Fuß oder sogar mit Pferden über das Watt laufen und sogar eine der Ostfriesischen Inseln erreichen.

### LÜNEBURGER HEIDE
Eine der bekanntesten und schönsten Landschaften Norddeutschlands ist „hausgemacht": die Lüneburger Heide. Einst gab es dort ausgedehnte Wälder und feuchte Moore. Vor etwa 2000 Jahren begannen die Menschen dort Schafe zu halten, das Land trockenzulegen und Torf abzubauen. Diese Bewirtschaftung führte zu der heute offenen Landschaft mit einem sandigen Boden und speziell daran angepassten Pflanzen wie dem im Sommer lila und weiß blühenden Heidekraut.

Torf besteht aus trockenen Resten von Moorpflanzen. Er wurde früher als Brennmaterial genutzt.

## DAS RUHRGEBIET

Im Westen Norddeutschlands liegt das Ruhrgebiet, das auch liebevoll „Ruhrpott" genannt wird. Es wird von zusammengewachsenen Städten wie Dortmund, Bochum und Essen gebildet. Bis in die frühen 1990er-Jahre hinein war die Region ein Zentrum des Bergbaus und der Stahlerzeugung. Es gab dort Steinkohle, die in Hochöfen zur Stahlproduktion genutzt werden konnte. Seit Kohle aus dem Ausland billig importiert wird, hat sich das Ruhrgebiet drastisch gewandelt. Viele Bergleute verloren ihre Arbeit. Die Bergbaubetriebe, die man Zechen nennt, schlossen ihre Tore, wurden abgerissen oder umgestaltet. Einige ehemalige Zechen sind heute Kulturzentren oder Museen, die dafür sorgen, dass die Erinnerung an die Zeit des Bergbaus nicht verloren geht.

Die Essener Zeche „Zollverein" ist heute ein Industriemuseum und gehört zum UNESCO-Weltkulturerbe.

Naturbelassener Wald im nordhessischen Reinhardswald

## DIE NORDDEUTSCHEN MITTELGEBIRGE

Am Übergang zur Mitte Deutschlands erstrecken sich die norddeutschen Mittelgebirge, darunter Harz, Solling, Weserbergland und Reinhardswald. Ihre knorrigen Eichen- und Buchenwälder gehören zu den ältesten in Deutschland. Kein Wunder, dass sich die Leute hier früher Märchen und Sagen erzählt haben. Die Brüder Grimm reisten im 19. Jh. durch den Reinhardswald und sammelten Geschichten. Daraus entstand ihre berühmte Sammlung der „Kinder- und Hausmärchen".

## LAND DER SEEN UND FÖRDEN

Im Norden Deutschlands, vor allem im Nordosten, gibt es Landschaften, die durch die Eiszeit entstanden sind. Als die Eiszeitgletscher sich vor etwa 11 000 Jahren zurückzogen, blieben einige „dicke Brocken" viele Jahrzehnte liegen und tauten nur langsam ab. Sie drückten flache Mulden ins Gelände. So entstanden Hunderte von Seen. Die Region ist als „Mecklenburgische Seenplatte" bekannt. Sie ist eines der schönsten Feriengebiete Ostdeutschlands. Doch auch die Ostseeküste ist als Urlaubsregion beliebt. Sie ist vor allem von Förden geprägt. Das sind schmale Buchten, in denen einst auch Eiszeitgletscher lagen. Heute dienen sie oft als zwar schmale, aber geschützte natürliche Hafenbecken.

Die Müritz ist der größte See der Mecklenburgischen Seenplatte.

*Fortsetzung auf Seite 12*

## STADT UND DORF

In Deutschland gibt es bedeutende Städte und beschauliche Dörfer. Die Großstädte, wie etwa Frankfurt am Main, sind Zentren des Geschäftslebens und häufig umgeben von Industrieansiedlungen. Die Architektur dort ist zu großen Teilen erst in den letzten 60 Jahren entstanden, denn die deutschen Großstädte wurden im Zweiten Weltkrieg bombardiert und zum großen Teil zerstört. In Dörfern und Kleinstädten haben sich sehr alte Bauwerke wie Fachwerkhäuser, Stadtmauern und Befestigungsanlagen oft besser erhalten.

Mit der Europäischen Zentralbank und der drittgrößten Börse der Welt ist Frankfurt am Main eines der Wirtschaftszentren Deutschlands.

Rothenburg ob der Tauber: weltberühmt für seine alten Fachwerkhäuser

Blick zur Zugspitze

## SCHWARZWALD

Der Schwarzwald ist ein dicht mit Nadelwäldern bewachsenes Gebirge in Südwestdeutschland. Es ist weltbekannt für seine Kuckucksuhren und den Bollenhut. Dieser Hut war früher Bestandteil der regionalen Sonntagstracht evangelischer Frauen. Grundlage ist ein Strohhut, auf dem 15 runde „Bollen" aus Wolle befestigt sind. Urige Fachwerkdörfer, ursprüngliche Natur und gute Wintersportmöglichkeiten sorgen dafür, dass der Schwarzwald eines der beliebtesten Feriengebiete Süddeutschlands ist.

Der Bollenhut gehört zur traditionellen Tracht mancher Schwarzwalddörfer. Unverheiratete Frauen trugen rote, verheiratete schwarze Bollen.

## ALPENVORLAND UND ALPEN

Im Süden Bayerns und Baden-Württembergs liegt das Alpenvorland. Die Region ist fruchtbar und hat ein mildes Klima. Sie ist für ihren Gemüse- und Obstanbau berühmt. „Mittendrin" liegt München. Als ehemalige Residenzstadt eines Kurfürsten wurde sie seit der Mitte des 17. Jh. mit besonders prachtvollen Gebäuden ausgebaut. Heute ist sie die drittgrößte Stadt Deutschlands. Die Alpen sind das höchste Gebirge Europas. Doch nur ein kleiner Teil davon gehört zu Deutschland, darunter auch die Zugspitze. Sie ist mit einer Höhe von 2962 m Deutschlands höchster Berg.

München: Marienplatz mit Rathaus (rechts) und Frauenkirche (links)

## DEUTSCHLANDS GRÖSSTER SEE

An der Grenze zur Schweiz liegt der Bodensee, der größte See Deutschlands. Seine Fläche besteht aus zwei Becken: dem kleinen Untersee und dem großen Obersee. Er entstand in der Eiszeit, als ein Alpengletscher sich so weit ausdehnte, dass er ein Tal ausformte und später schmolz. Der Bodensee fasst 48 Billionen Liter Wasser und ist damit der größte Wasserspeicher im Alpenvorland. Für Tiere und Pflanzen ist er ein wichtiger Lebensraum, und für Wassersportler bietet er beste Bedingungen.

Weihnachtsschmuck aus dem Erzgebirge

Aus der Rieslingrebe werden Deutschlands beste Weine gewonnen.

## WEINBAU

Weinreben benötigen ein mildes Klima, um optimale Traubenqualität hervorbringen zu können. Diese Voraussetzungen sind in Baden und Württemberg, in der Pfalz, entlang von Rhein, Main und Mosel, in Franken und südlich von Leipzig entlang von Saale und Unstrut gegeben. Schon um 500 v. Chr. aßen die Germanen Weintrauben und stellten ein alkoholisches Getränk daraus her. Doch erst die Römer haben Weinreben planmäßig kultiviert und angebaut. Heute ist v. a. der deutsche Riesling berühmt.

## ERZGEBIRGE

Das Erzgebirge liegt im Osten Deutschlands an der Grenze zu Tschechien. Es trägt seinen Namen, weil dort jahrhundertelang Zinn- und Silbererz abgebaut wurden. Durch Schaubergwerke, die man besuchen kann, wird bis heute an die Bergbaugeschichte der Region erinnert. Das Erzgebirge ist auch berühmt für sein Kunsthandwerk. Dazu zählen Weihnachtsdekorationen aus Holz, wie der Schwibbogen oder die Weihnachtspyramide.

Im Moseltal wird Wein angebaut.

# Tiere und Pflanzen

Deutschland liegt in der gemäßigten Klimazone der Erde. Das bedeutet, dass es hier weder zu kalt noch zu heiß ist. Schwere Stürme sind nur im Frühjahr und im Herbst häufig, und im Winter sind lange Frost- oder Schneeperioden eher selten. Dazu kommt, dass die größten Regenmengen in Deutschland im Sommer fallen, was für das Wachstum der Pflanzen optimal ist.

Im 19. Jh. entdeckten Maler den Wald für ihre Kunst. Er sah damals viel wilder aus als heute.

### DER DEUTSCHE WALD
Bevor die Menschen den Ackerbau erfanden, war fast ganz Deutschland von Wald bedeckt – heute sind es noch rund 31 % der Fläche. Auf alten Bildern sieht man, dass der Wald in früherer Zeit ganz anders aussah: Es gab mehr dicke, knorrige Eichen, viele abgestorbene Bäume und dichtes Gebüsch. Nur noch kleine Waldgebiete in Deutschland sind ein wenig „urwaldartig". Dazu gehört beispielsweise der Nationalpark Hainich in Thüringen. In diesem Laubwald kann man erleben, wie der Wald früher ausgesehen haben muss. „Echten" Urwald gibt es aber nicht mehr. Der größte Teil des deutschen Walds dient zur Holzgewinnung und wird deshalb „Wirtschaftswald" genannt.

Sonnentau wächst in Moorgebieten.

### MOORE – EIN BESONDERER LEBENSRAUM
Moore sind sehr feuchte Gebiete, in denen abgestorbene Pflanzen nicht vollständig verrotten können. Sie lagern sich daher als Torf auf dem Boden ab. 10 % der Fläche Norddeutschlands waren früher von Moor bedeckt. Um Platz für die Landwirtschaft zu schaffen, wurden viele dieser Feuchtgebiete trockengelegt. Heute sind sie in ganz Deutschland streng geschützt, da sie seltenen Tieren und Pflanzen als Lebensraum dienen. Moorboden ist sehr nährstoffarm. Um dort überleben zu können, haben Pflanzen wie der Sonnentau einen Trick entwickelt: Sie ernähren sich zusätzlich von Insekten. Die Tiere werden durch Duftstoffe angelockt und landen auf den klebrigen Blättern der Pflanze, wo sie haften bleiben.

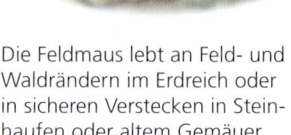

Die Feldmaus lebt an Feld- und Waldrändern im Erdreich oder in sicheren Verstecken in Steinhaufen oder altem Gemäuer.

### AUF FELDERN UND WIESEN
Dort, wo es Landwirtschaft gibt, finden Tiere immer etwas zu fressen. Feldmäuse und Hamster leben im Erdreich unter den Äckern und nagen an Pflanzenwurzeln. Wenn sie einmal ans Tageslicht kommen, müssen sie aufpassen: Oben lauern Greifvögel, wie z. B. Mäusebussard, Falke oder Habicht, deren Lieblingsspeise sie sind. Lange Hecken zwischen den Feldern bieten Tieren Unterschlupf und sind ein Paradies für Singvögel und seltene Wildpflanzen.

*Salzwiesen werden regelmäßig von salzigem Meerwasser überspült.*

*Schafe sind die idealen „Rasenmäher" auf den matschigen Wiesen.*

*Entwässerungsgräben sorgen dafür, dass das Salzwasser wieder abfließen kann.*

## LEBEN IM GEBIRGE

Je höher man ins Gebirge kommt, desto rauer ist das Klima. Ab einer bestimmten Höhe ist es das ganze Jahr über so kalt, dass keine Bäume mehr wachsen können. Diese Übergangszone zum Hochgebirge nennt man Baumgrenze. Einige Tiere haben sich an diesen kargen Lebensraum gut angepasst. Dort lebt z. B. der Steinadler, der größte Greifvogel Deutschlands. Er kann mit seinen langen Krallen sogar junge Steinböcke oder Gämsen erbeuten. Murmeltiere leben unterirdisch und ernähren sich von Wurzeln, Samen sowie den Blüten und Blättern von Wildblumen. Fühlt sich das Murmeltier bedroht, warnt es seine Artgenossen durch schrilles Pfeifen.

Ein heute wieder in manchen deutschen Wäldern anzutreffendes Raubtier ist der scheue Wolf.

Der Steinadler ist Deutschlands größter Greifvogel und kommt im Hochgebirge vor. Er ist auch das Wappentier der Bundesrepublik Deutschland.

## VON BÄREN UND WÖLFEN

Bären, Wölfe und Luchse streiften noch im 19. Jh. durch unsere Wälder. Doch diese Tiere wurden unerbittlich gejagt, bis sie schließlich vor etwa 100 Jahren alle ausgerottet waren. Füchse, Dachse und Wildkatzen waren seither die größten Raubtiere im Wald. Doch seit den 1990er-Jahren sind Wölfe und Luchse in kleine Waldareale im Osten Deutschlands zurückgekehrt. Zu verdanken ist dies den Bemühungen von Umweltschützern und der Öffnung der Grenzen nach Osteuropa. Noch ist aber ungewiss, ob sich diese Wildtiere auch langfristig wieder ansiedeln werden.

## AN DER KÜSTE

Die Sandstrände an Nord- und Ostsee sind von Dünen begrenzt. Sie wirken bei Sturmflut wie ein natürlicher Damm. Die Wurzeln des Dünengrases bewirken, dass das Meer nicht zu viel Strand fortspült. Muscheln und Krabben sind an der Küste häufig. Die typischen Vögel dieser Region sind Silbermöwen, die ihr Futter im Schlick der Küste oder auf See finden. Entlang der gesamten Nordseeküste erstreckt sich zudem das größte Wattenmeer der Welt. Durch den Wechsel von Ebbe und Flut (die Gezeiten) ist das Watt abwechselnd überflutet und liegt trocken. Wegen dieser Besonderheit gibt es dort Tiere, die nur hier vorkommen, beispielsweise den Wattwurm. Sie sind zum Teil so selten, dass das Wattenmeer in zwei Nationalparks aufgeteilt wurde, um sie optimal unter Schutz zu stellen.

Der Leuchtturm „Westerheversand" gilt als einer der schönsten Leuchttürme Deutschlands.

Silbermöwe

# Vorfahren der Deutschen

Deutschland liegt inmitten des Kontinents Europa. Ob Händler, Reisende oder ganze Völkerscharen – wer auch immer von Osten nach Westen oder von Norden nach Süden durch Europa zog, kam irgendwann unweigerlich durch das Gebiet, das wir heute als Deutschland bezeichnen. Deswegen hat das Volk der Deutschen viele „Vorfahren" – von der Altsteinzeit bis heute.

### DIE ERSTEN MENSCHEN

Vor etwa 700 000 Jahren siedelten Frühmenschen auf dem Gebiet des heutigen Deutschland. 1907 wurde in der Nähe der Stadt Heidelberg ein Knochen eines solchen Menschen gefunden. Man nannte ihn nach dem Fundort *Homo heidelbergensis*. Die Heidelbergmenschen hatten einen kleinen Kopf mit großen, hervortretenden Kieferknochen und ernährten sich überwiegend von pflanzlicher Kost. Doch Steinwerkzeuge und Speere lassen vermuten, dass sie auch Jäger waren.

So stellen sich Wissenschaftler den *Homo heidelbergensis* vor. Niemand weiß, wie er wirklich ausgesehen hat.

### DIE NEANDERTALER

Im Westen Deutschlands bei Düsseldorf liegt das Neandertal. 1856 wurden dort in einem Steinbruch Teile des Skeletts eines Frühmenschen gefunden. Man nannte ihn *Homo neanderthalensis*, besser bekannt als „Neandertaler". Er wurde nur 1,50 m groß, hatte aber einen breiten und schweren Knochenbau. Man nimmt an, dass diese Menschen unerschrockene, robuste Jäger waren. Über den Augen hatten sie Knochenwülste, die ihnen grobe Gesichtszüge verliehen. Untereinander pflegten sie aber wohl ein freundliches Zusammenleben. Forscher vermuten das, weil Neandertaler ihre verstorbenen Angehörigen sehr liebevoll bestatteten.

Im Neanderthal Museum in Mettmann kann man lebendig wirkende Figuren bestaunen. Sie veranschaulichen, wie die Neandertaler wahrscheinlich aussahen.

Himmelsscheibe von Nebra

## DIE RÖMER IN DEUTSCHLAND

Die Römer beherrschten in der Antike Nordafrika, Westasien und große Teile Europas. Ab etwa 50 v. Chr. eroberten sie auch West- und Südwestdeutschland. Ihre neuen Siedlungsbereiche nannten sie „Germania", nach dem Volksstamm der Germanen, auf den sie dort trafen. Zur Sicherung ihrer Grenzen errichteten sie den Limes, der aus einem Schutzwall und vielen Wachttürmen bestand. Die Römer blieben mehrere Hundert Jahre und brachten ihre Lebensweise und Architektur mit. Bis heute zeugen z. B. die Porta Nigra in Trier und die römischen Ruinen in Xanten von ihrer Baukunst.

Porta Nigra in Trier

### BILD DES HIMMELS

Die Himmelsscheibe von Nebra wurde 1999 in Sachsen-Anhalt gefunden. Sie zeigte erstmals, dass sich schon die Germanen der Bronzezeit vor etwa 3000 Jahren auf genaue astronomische Beobachtungen verstanden. Das hatte man bis zu dem Zeitpunkt nicht für möglich gehalten. Die Scheibe zeigt ein Abbild des Nachthimmels zur Winter- und zur Sommersonnenwende, also dem kürzesten und dem längsten Tag des Jahrs.

### GERMANEN, GOTEN, VANDALEN ...

Ab etwa 4000 v. Chr. siedelten sich verschiedene germanische Stämme auf dem Gebiet des heutigen Deutschland an. Zu ihnen gehörten z. B. Vandalen, Goten, Sachsen, Angeln, Teutonen und Cherusker. Die Römer eroberten ab etwa 50 v. Chr. West- und Südwestdeutschland. Im 3. bis 6. Jh. n. Chr. entstand in ganz Europa große Unruhe: Das asiatische Volk der Hunnen überfiel andere Völker in Osteuropa, die aus ihrer Heimat fliehen und sich neue, sicherere Siedlungsgebiete suchen mussten. Während dieser Völkerwanderungszeit waren die Menschen quer durch Europa unterwegs und legten Tausende Kilometer zurück. In der Folge endete die Herrschaft der Römer in Westeuropa. Viele neue germanische Reiche entstanden, darunter das Reich der Franken unter Karl dem Großen.

### DIE VARUSSCHLACHT

Im Jahr 9 n. Chr. wollte der römische Feldherr Varus mit drei Legionen von knapp 20 000 Mann in sein Winterquartier ziehen, als er von einer Revolte der Germanen hörte. Er nahm daher einen Umweg – und geriet in eine Falle, die ihm der Cheruskerfürst Arminius (später auch „Hermann der Cherusker" genannt) gestellt hatte. Unter dessen Führung besiegten germanische Stämme die römischen Truppen in einer mehrere Tage dauernden Schlacht. Die Römer gaben daraufhin ihre Pläne auf, auch den Norden Deutschlands zu erobern, und mussten sich hinter den Rhein zurückziehen.

So dramatisch stellte man sich Mitte des 19. Jh. die Völkerwanderung vor.

Das berühmte Hermannsdenkmal bei Detmold

Auf vielen Burgen in Deutschland werden heute wieder Ritterturniere veranstaltet. Heute ist alles nur Show, doch früher war es blutiger Ernst.

# Mittelalter

Die Zeit zwischen der Völkerwanderung und der Reformation nennt man Mittelalter. Sie dauerte etwa 1000 Jahre, vom 5. bis zum 15. Jahrhundert. Damals herrschten Könige oder Kaiser zusammen mit anderen Adligen wie Herzögen und Fürsten über die Menschen. Sehr groß war auch die Macht der katholischen Kirche. Die meisten Menschen lebten als Bauern in Dörfern auf dem Land und waren sehr arm.

*Die Lilie war das Symbol der Franken.*

**RITTER – WIRKLICH SO EDEL?**
Das Wort „Ritter" kommt von „Reiter". Sie waren Lehnsleute, die mit ihrem Herrn in die Schlacht zogen. Eine wertvolle Rüstung, besondere Waffen und ein Pferd gehörten zu ihrer Ausstattung. Ritter gehörten zum Adelsstand, galten daher als vornehmer und hatten mehr Rechte als das restliche Volk, das sie beschützen sollten. Durch Turniere und Wettkämpfe wurden der Mut und die Geschicklichkeit untereinander auf die Probe gestellt. Doch das war gefährlich: Viele Ritter wurden nicht im Krieg, sondern bei ihren Kampfspielen getötet. Neben diesen edlen Rittersleuten gab es auch solche, die sich zu Raubritterbanden zusammenschlossen und die Bevölkerung ausbeuteten. Sie waren also gar nicht edel, sondern vielmehr gesetzlos.

**BURGEN**
Das Mittelalter war eine unruhige Zeit, in der es häufig zu Auseinandersetzungen und Kriegen kam. Mittelalterliche Burgen sind beeindruckende Anlagen. Sie sollten die Bedeutung des Burgherrn betonen und wurden an schwer zugänglichen Plätzen gebaut – an einem Hang, hoch oben auf einem Berg oder umgeben von Wasser. Es gab verschiedene Verteidigungsanlagen: Wachttürme, Burggräben mit Zugbrücken und dicke Mauern sollten es Feinden so schwer wie möglich machen, die Burg einzunehmen.

Angreifer mussten sich von einem Tor zum nächsten kämpfen, um die Burg einzunehmen.

*Das Kreuz symbolisiert das Bündnis mit dem Papst.*

*Haare, Bart und Mantel der Karlsbüste bestehen aus purem Gold.*

*Der Reichsadler ist das Symbol für das Heilige Römische Reich.*

**DAS „FINSTERE MITTELALTER"?**
Die Lebensbedingungen im Mittelalter waren hart. Das Volk musste schwer arbeiten und hohe Abgaben an die Landesherren entrichten. Immer wieder kam es zu verheerenden Ausbrüchen von gefährlichen Krankheiten, von denen die schlimmste die Beulenpest war. Sie führte unweigerlich zum Tod. Bei der großen Pestepidemie um 1350 starb etwa ein Drittel aller Menschen in Deutschland. Es kam auch immer wieder zu Hungersnöten, v. a. wenn ungewöhnlich kalte Winter oder heiße Sommer die Ernten vernichteten. Doch es wäre nicht richtig, das ganze Mittelalter „finster" zu nennen: Es wurden z. B. auch die ersten Universitäten gegründet und große Kunstwerke geschaffen.

*Der Holzschnitt zeigt ein pestkrankes Paar, das im Bett liegt.*

*Ein Pestdoktor begutachtet eine Urinprobe der Patienten in einer Flasche. Ärzte hatten im Mittelalter aber kein Heilmittel gegen die Pest. Sie wurden selbst oft krank und starben.*

*Das Bild zeigt auch eine Wiege ohne Kind: Vielleicht war das Baby schon tot, als auch die Eltern krank wurden. Die Kindersterblichkeit im Mittelalter war schrecklich hoch.*

**KARL DER GROSSE**
Der germanische Stamm der Franken gründete ein Reich am Rhein, das im Lauf der Zeit immer größer wurde. Der mächtige Frankenherrscher Karl der Große (747–814) konnte es bis nach Rom ausdehnen. Weil er sich als Nachfolger der römischen Kaiser verstand, ließ er sich am Weihnachtstag des Jahrs 800 vom Papst in Rom zum Kaiser krönen. Aus dem Kaisertum entwickelte sich das Heilige Römische Reich, das bis 1806 bestehen sollte – auch wenn die Macht der Franken bald nach Karls Tod schwand.

*Das Schloss der thüringischen Stadt Quedlinburg war vom 10. bis zum 12. Jh. die Pfalz, welche die deutschen Kaiser alljährlich zum Osterfest aufsuchten.*

**DIE REISENDEN KAISER**
Jeder heutige Staat hat eine Hauptstadt, in der die Regierung arbeitet und Beschlüsse fasst. Bei den römisch-deutschen Kaisern war das anders. Sie reisten die meiste Zeit im Land umher. Mit ihrer Anwesenheit wollten sie möglichst vielen Menschen zeigen, dass sie die Macht über ihr Reich hatten. Deshalb gab es im ganzen Herrschaftsgebiet „Kaiserpfalzen". Das waren Burgen, Schlösser und ganze Städte, in denen der Kaiser zeitweise wohnen konnte – fast so etwas wie eine „Hotelkette" für den wichtigsten Mann im Land. Die Burgen standen die meiste Zeit über leer. Erst kurz vor Ankunft des Kaisers wurden edle Möbel und feines Geschirr zusammengetragen, um ihm seinen Aufenthalt komfortabel zu machen.

**BARBAROSSA**
„Barbarossa" ist italienisch und bedeutet „Rotbart". So wurde Friedrich I. genannt, der von 1155–1190 Kaiser des Heiligen Römischen Reichs war. Er gehörte zu der mächtigen Adelsfamilie der Staufer. Bis heute ist er einer der bekanntesten deutschen Herrscher, weil er es schaffte, das in mehrere Teile zerfallene Reich wieder zu einen. Viel später, im 19. Jh., wurde Barbarossa zur Identifikationsfigur für alle, die sich ein einiges Deutschland wünschten.

*Das Kyffhäuser-Denkmal in Thüringen zeigt Kaiser Barbarossa. Nach einer Sage aus dem Mittelalter soll er niemals gestorben sein, sondern nur schlafend im Kyffhäusergebirge ruhen, bis das Reich ihn wieder braucht.*

# Die Reformation und die Folgen

Lange Zeit hatte die katholische Kirche allein bestimmt, wie die Menschen die christliche Religion verstehen und nach ihr leben sollten. Kritik an dieser Lehre war gefährlich, denn man lief Gefahr, als Ketzer auf dem Scheiterhaufen verbrannt zu werden. Im 16. Jahrhundert bemerkten viele Menschen, dass manchen Kirchenfürsten Geld und Macht viel wichtiger waren, als nach der Lehre von Jesus Christus zu leben. Es kam zu einer Bewegung von Gläubigen, die solche Zustände nicht länger ertragen wollten.

Besonders in der Kritik war der „Ablasshandel" der katholischen Kirche im 16. Jh.

*Pfarrer und Mönche erklärten den Gläubigen in der Kirche, was als Sünde zu betrachten sei. Fast jeder fühlte sich somit schuldig und wollte Vergebung erlangen.*

*Wer gegen die Gebote der Kirche verstoßen hatte, musste Geld bezahlen, um „Vergebung" zu erlangen. Die Kirchen wurden auf Kosten der Gläubigen sehr reich.*

*Als Gegenleistung erhielten die Gläubigen für ihr Geld „Ablassbriefe". In ihnen stand, dass die Sünden des Käufers nun erlassen waren.*

**MARTIN LUTHER UND DIE REFORMATION**
Der Mönch Martin Luther (1483–1546) wagte es, die katholische Kirche zu kritisieren, besonders ihren Handel mit Ablassbriefen. 1517 veröffentlichte er seine berühmten 95 Thesen (Lehrsätze). Dank der Erfindung des Buchdrucks (S. 60) nur 40 Jahre zuvor konnten Luthers Ideen verbreitet werden. Viele Gläubige und auch Fürsten ließen sich überzeugen und es kam im ganzen Reich zu Kriegen. Im Augsburger Religionsfrieden 1555 wurde die lutherische Lehre schließlich anerkannt und die neue evangelische Kirche stand gleichberechtigt neben der katholischen.

Martin Luther

In dieser schmucklosen Kammer auf der Wartburg bei Eisenach übersetzte Martin Luther die Bibel ins Deutsche. Vorher gab es sie nur auf Latein oder Griechisch.

## DIE FOLGEN VON REFORMATION UND KRIEG

Im Dreißigjährigen Krieg starben etwa 7 Mio. Menschen in Deutschland – das waren rund 40 % der Bevölkerung. Es dauerte lange, bis sich das Land von den Folgen erholte. Auch politisch war das Heilige Römische Reich geschwächt und musste Gebiete abgeben. Als Folge des Augsburger Religionsfriedens haben manche Teile Deutschlands noch immer eine überwiegend evangelische Bevölkerung, manche eine überwiegend katholische. Daher gibt es heute in „katholischen" Bundesländern teilweise andere Feiertage als in „evangelischen".

Zu bestimmten Anlässen gibt es auch ökumenische Gottesdienste: Ein katholischer und eine evangelische Geistliche halten zusammen die Messe ab.

## SIMPLICISSIMUS

Noch heute kann sich jeder vor Augen führen, wie es im Dreißigjährigen Krieg zugegangen ist. Ein Söldner namens Hans Jakob Christoffel von Grimmelshausen (um 1622–1676) schrieb seine Kriegserlebnisse auf und machte daraus einen Roman, der 1668 erschien. In ihm sind die Schrecken des Krieges ebenso geschildert wie das raue Soldatenleben, aber auch einige witzige Begebenheiten. Das Buch heißt nach seinem Titelhelden *Der abenteuerliche Simplicissimus Teutsch* und gilt als ein frühes Meisterwerk deutscher Literatur.

Farbenfrohes Titelbild der ersten Ausgabe von Grimmelshausens *Simplicissimus*

## 30 JAHRE KRIEG

Trotz des Augsburger Religionsfriedens kam es zwischen Katholiken und Protestanten zu so großen Konflikten, dass von 1618–1648 in ganz Europa ein Krieg entbrannte. Es ging bei diesem Krieg nicht nur darum, welcher Glaube der richtige war, sondern auch um die Verteilung der Macht zwischen dem Kaiser und den Fürsten. Soldaten zogen plündernd durch Städte und Dörfer und die Bevölkerung litt furchtbar. Das Ende des Dreißigjährigen Kriegs markierte der „Westfälische Frieden". Erst mit der Aufklärung im 18. Jh. war die Zeit der Glaubenskriege in Deutschland ganz vorbei. Absolutistische, aber aufgeklärte Herrscher, wie der Preußenkönig Friedrich II., zeigten sich tolerant gegenüber Andersgläubigen.

# Der Weg zum Nationalstaat

Im 19. Jahrhundert eroberte der französische Feldherr Napoleon Bonaparte weite Teile Deutschlands. Er löste 1806 das Heilige Römische Reich auf. Doch unter Führung Preußens und Österreichs wurden seine Truppen bei der Völkerschlacht bei Leipzig besiegt. Die Staaten in Deutschland wurden daraufhin beim Wiener Kongress 1815 neu geordnet. Das Ergebnis waren 39 deutsche Einzelstaaten. Viele Deutsche, die gegen Napoleon gekämpft hatten, waren davon enttäuscht: Sie hatten von einem vereinten Deutschland und von mehr Freiheit geträumt.

### LÄSTIGE KLEINSTAATEREI

Die Existenz vieler eigenständiger Staaten auf kleinem Raum hatte immense Nachteile. Das bemerkten v. a. Händler und Fabrikanten, die ihre Waren in ganz Deutschland verkaufen wollten. Wer reisen wollte, musste ständig Grenzen überqueren und Zölle bezahlen. Außerdem gab es in fast jedem Staat andere Gewichts- und Maßeinheiten, und selbst die Uhrzeit war nicht überall gleich. 1834 wurde ein erster Schritt gegen diese nicht mehr erwünschte „Kleinstaaterei" unternommen: Die Zölle zwischen Preußen und 17 weiteren deutschen Staaten wurden abgeschafft. Es war die Geburtsstunde des „Deutschen Zollvereins".

*Der schwarze Doppeladler war das Wappen des Heiligen Römischen Reichs Deutscher Nation. Der Zeichner des Bilds wünschte sich ein einiges Reich zurück.*

*Der Mann mit der Axt soll den Zollverein symbolisieren, der 1834 entstand.*

Das Zerschlagen von Schranken und Grenzmarken bedeutet, dass es mit Schaffung des Zollvereins nur noch einen Zolltarif gab und nicht wie zuvor viele verschiedene.

### DIE LIBERALE BEWEGUNG

Seit 1815 wollten immer mehr Menschen einen einheitlichen Nationalstaat und forderten, dass die Fürsten Verfassungen und gewählte Volksvertreter zulassen müssten. Sie nannten sich „Liberale", Freiheitsfreunde. Bei einem Fest auf dem Schloss Hambach im Pfälzer Wald im Jahr 1832 formulierten sie ihre Ziele. Immer wieder kam es in dieser Zeit zu Volksaufständen gegen die herrschenden Adligen.

*Das Hambacher Schloss*

*Die Menschenschlange zieht sich den ganzen Berg hinauf.*

## DEUTSCHLAND – EIN WINTERMÄRCHEN?
Warum die Menschen in Deutschland in der Zeit nach 1815 unzufrieden waren, kann man bei dem Schriftsteller Heinrich Heine (1797–1856) nachlesen. In seinem Buch *Deutschland. Ein Wintermärchen* beschreibt er anhand kritischer, aber auch witziger gereimter Episoden eine Reise, die den Dichter 1843 quer durch Deutschland führte. Dabei schildert er Probleme wie Zensur und Unfreiheit. Heine und viele andere Schriftsteller wurden in dieser Zeit von der Zensur verfolgt: 1935 wurden seine Schriften verboten.

Dieser Holzstich zeigt den Reichskanzler Bismarck (links), der Kaiser Wilhelm I. Bericht erstattet.

## DAS DEUTSCHE KAISERREICH
Frankreich fühlte sich durch das starke Preußen und den Norddeutschen Bund bedroht. 1870 kam es zum Krieg, bei dem sich Österreich und die süddeutschen Staaten Preußen anschlossen und siegten. 1871 gründeten diese Bündnispartner das Deutsche Kaiserreich. Auf Betreiben Bismarcks wurde der Preußenkönig Wilhelm I. (1797–1888) Kaiser dieses ersten deutschen Nationalstaats. Viele Deutsche waren begeistert von der nationalen Einheit. Doch Freiheit gab es nicht – Bismarck führte als „Eiserner Kanzler" das Land mit harter Hand. Doch er führte auch soziale Reformen durch.

Erste Sitzung der Nationalversammlung in der Frankfurter Paulskirche

## REVOLUTION!
Die Unzufriedenheit über mangelnde Freiheit und soziale Ungleichheit wurde immer größer. Sie gipfelte in der Märzrevolution von 1848. Diese schien zunächst erfolgreich zu sein: Bei der ersten Nationalversammlung in der Frankfurter Paulskirche verabschiedete das Parlament eine Verfassung und wählte den preußischen König Wilhelm IV. (1795–1861) zum Kaiser (konstitutionelle Monarchie). Doch der König weigerte sich und 1849 beendeten preußische Truppen die Revolution mit Gewalt.

1871 erschien anlässlich der Gründung des Deutschen Reichs diese Medaille. Sie trägt die Inschrift: „Wir wollen sein ein einig Brüdern Volk".

Beim „Hambacher Fest" kamen 30 000 Menschen zusammen. Manche trugen an diesem Tag erstmals die schwarz-rot-goldene Flagge in der Öffentlichkeit. Die Farben gehen auf Uniformen zurück, die in den Befreiungskriegen gegen Napoleon getragen wurden, und drücken den Wunsch nach Freiheit und Unabhängigkeit aus.

## PREUSSEN
Schon unter Friedrich II. (1712–1786) war Preußen ein mächtiger Staat in Europa gewesen. Nach dem Wiener Kongress 1815 gewann es beträchtliche Gebiete hinzu und hatte die größte und mächtigste Armee seiner Zeit. Otto von Bismarck (1815–1898) war ab 1862 preußischer Ministerpräsident. Sein Ziel war ein geeintes Deutschland – aber unter Führung Preußens und ohne den Rivalen Österreich. Nach einem Krieg gegen Österreich begründete er 1867 den Norddeutschen Bund, dem Österreich und die süddeutschen Staaten nicht angehörten. Dieser Staatenbund wurde zum Vorläufer des Deutschen Kaiserreichs.

Die „Bismarck-Türme" spiegeln die Begeisterung der Zeitgenossen für diesen Politiker wider: Weltweit wurden 240 dieser Türme zu Ehren Bismarcks erbaut, von denen heute noch etwa 173 vorhanden sind.

# Der Erste Weltkrieg und die Weimarer Republik

Bei Unruhen in Bosnien wurde 1914 der österreichische Thronfolger Erzherzog Franz Ferdinand von serbischen Unabhängigkeitskämpfern ermordet. Deutschland war zu dieser Zeit mit Österreich-Ungarn verbündet und garantierte, das Land bedingungslos zu unterstützen. In einer Kettenreaktion von Kriegserklärungen weitete sich der Konflikt auf ganz Europa aus. Als Deutschland 1917 mit seinen U-Booten auch die Schiffe bisher neutraler Staaten bedrohte, traten auch die USA in den Krieg ein – damit wurde er weltumspannend. Auf der einen Seite kämpfte das Deutsche Kaiserreich zusammen mit Österreich-Ungarn und dem Osmanischen Reich, auf der anderen Frankreich, Belgien, England, Russland und die USA.

Tageszeitungen in aller Welt berichteten im August 1914 über das Attentat auf Franz Ferdinand, zum Teil mit aufwendig kolorierter Bebilderung.

### BEGINN DES ERSTEN WELTKRIEGS

Mit seiner Beistandserklärung für Österreich-Ungarn brachte das Deutsche Kaiserreich unter Wilhelm II. (1859–1941) den Stein ins Rollen, der in den Weltkrieg führte. Nach der Kriegserklärung an Russland sah der Plan der deutschen Generäle vor, in einem „Blitzkrieg" erst Frankreich zu besiegen, um anschließend alle Truppen gegen Russland einsetzen zu können. Doch dieser Plan ging nicht auf: Als deutsche Soldaten durch das neutrale Belgien nach Frankreich marschierten, erzürnte dies die Engländer, die sich nun auch am Krieg beteiligten. Der Angriff der Deutschen wurde vor Paris gestoppt und ein langer Stellungskrieg begann.

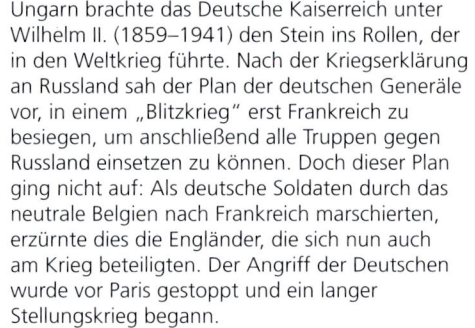

Deutsche Stellung in einem Schützengraben während des Ersten Weltkriegs

### PANZER, U-BOOTE UND FLUGZEUGE

Der Erste Weltkrieg gilt als erster „moderner" Krieg: Nicht mehr die Truppengröße, sondern ihre technische Ausrüstung war entscheidend für den Sieg. In Deutschland und Großbritannien wurden neue Waffen entwickelt: Panzer und U-Boote. Sie ermöglichten es, mit geringer Besatzung größtmöglichen Schaden zu verursachen. Auch Flugzeuge und Giftgas wurden zum ersten Mal eingesetzt.

Die deutschen U-Boote waren gefürchtete neuartige Waffen.

### DIE BEGEISTERUNG SCHLÄGT UM

Zu Beginn des Kriegs entbrannte v. a. bei jungen Leuten eine große Kriegsbegeisterung. Allerorten war man der Meinung, dass die deutsche Armee schnell siegreich sein und mit dem Feind leichtes Spiel haben würde. Doch früh zeigte sich, dass der Erste Weltkrieg viel brutaler war als alle vorangegangenen Kriege. Es wurde Giftgas eingesetzt, Minen und Granaten führten zu furchtbaren Verstümmelungen. Hunderttausende Soldaten starben. Die Begeisterung schlug in Entsetzen um. Jeder hoffte nun, dass der Krieg so schnell wie möglich vorbei sein würde.

Schon bald zeigte sich jedoch die ganze Härte und Unbarmherzigkeit des Kriegs.

Anfangs gab es in Deutschland eine große Kriegsbegeisterung.

### NOVEMBERREVOLUTION UND WEIMARER REPUBLIK

Obwohl Deutschland 1918 den Krieg verloren hatte, wollte der deutsche Kaiser Wilhelm II., dass seine Soldaten weiterkämpften. Doch die Matrosen der Kriegsmarine weigerten sich. Aus ihrem Matrosenaufstand entwickelte sich innerhalb weniger Tage die „Novemberrevolution": Überall gingen Menschen auf die Straßen und forderten den Rücktritt des Kaisers. Am 9. November 1918 wurde in Berlin die Republik ausgerufen und der Kaiser dankte ab. Deutschland wurde nun erstmals demokratisch regiert. Diese kurze Phase in der Geschichte zwischen 1918 und 1933 wird „Weimarer Republik" genannt.

### KRIEGSFOLGEN

Der Erste Weltkrieg war verheerend: Innerhalb weniger Jahre lag fast ganz Europa in Trümmern. 17 Mio. Menschen starben im Krieg und 20 Mio. Soldaten wurden verwundet. Doch der Versailler Vertrag von 1918 beendete den Weltkrieg. Deutschland musste sich darin verpflichten, hohe Entschädigungen an die Siegernationen des Ersten Weltkriegs zu zahlen. Auch das deutsche Volk stand vor den Trümmern der eigenen Existenz.

Nach dem Krieg waren viele deutsche Städte so stark zerstört, dass die Menschen ihre Häuser und ihr ganzes Hab und Gut verloren hatten.

*Auf einem Balkon des Berliner Reichstags steht der SPD-Abgeordnete Philipp Scheidemann. Er ruft am 9. November 1918 die Republik aus.*

*Die Ausrufung der Republik geschah völlig überraschend. Kein professioneller Fotograf war vor Ort – dies ist das einzige Foto, das es gibt.*

*Die Menschen Berlins jubeln Scheidemann zu.*

# Der Nationalsozialismus

Deutschland litt an den Folgen des Ersten Weltkriegs und war hoch verschuldet. Es kam zu einer Inflation, die dazu führte, dass das Geld nichts mehr wert war. Die Zeiten waren unruhig: In nur 14 Jahren wechselte die Regierung 20-mal. Doch es gab auch eine kurze Blütezeit der Kunst, Literatur und Wissenschaft, die als die „Goldenen Zwanziger" bekannt wurde. 1929 beendete die Weltwirtschaftskrise diesen kurzen Aufschwung. Die Arbeitslosigkeit wuchs und mit ihr die Unzufriedenheit in der Bevölkerung. Mit gezielter Propaganda gewannen die Nationalsozialisten immer mehr Anhänger.

*Kinder spielen 1923 mit Bündeln von fast wertlosen Geldscheinen.*

Inflation: 1923 kostete ein Laib Brot rund 300 Mrd. Reichsmark.

Wahlplakat zur Reichstagswahl 1933

### AUFSTIEG DER NATIONALSOZIALISTEN

Bei den Reichstagswahlen 1923 war die NSDAP nicht sehr erfolgreich. Doch Hitler und die Nationalsozialisten verstanden es, mit den Ängsten der Menschen zu spielen. Sie waren antisemitisch (gegen Juden) eingestellt und gaben Juden, aber auch Kommunisten die Schuld an den Problemen in Deutschland. Mit Symbolen, Uniformen, Aufmärschen und einem Kult um Adolf Hitler als „Retter" gewannen sie immer mehr Zustimmung. 1933 schließlich wurde Hitler zum Reichskanzler ernannt. Er verbot alle anderen Parteien und kontrollierte die Medien.

### WER WAR ADOLF HITLER?

Adolf Hitler wurde 1889 in Österreich geboren. Ohne Schulabschluss arbeitete er zunächst als Maler und kämpfte als Soldat im Ersten Weltkrieg. Ab 1919 begann er sich politisch zu engagieren und wurde 1921 Vorsitzender der NSDAP. 1923 versuchte er, zusammen mit dem General Erich Ludendorff die Regierung des Deutschen Reichs zu stürzen, was aber misslang. Hitler wurde verhaftet und kam ins Gefängnis, wo er sein Buch *Mein Kampf* schrieb. Nach der Haftentlassung machte er die NSDAP in der Bevölkerung immer populärer. 1933 wurde er schließlich Reichskanzler. Als brutaler Diktator war er verantwortlich für den Ausbruch des Zweiten Weltkriegs und die massenhafte Ermordung von Juden und anderen Menschen. Er beging am 30. April 1945, in den letzten Tagen des Zweiten Weltkriegs, Selbstmord.

## ZIELE DER NATIONALSOZIALISTEN

Unter Adolf Hitler, der „Führer" genannt wurde, errichteten die Nationalsozialisten eine gnadenlose Diktatur. Das „Dritte Reich" war ein Regime der Kontrolle und Unterdrückung. Nach der Rassentheorie der Nationalsozialisten gab es minderwertige und höherwertige „Rassen". Die Deutschen sahen sich als „Herrenrasse" anderen Gruppen wie Sinti und Roma oder Farbigen überlegen. Juden wurden in besonderem Maß verfolgt. Die Nationalsozialisten machten sie für die Missstände in der Welt verantwortlich und planten die systematische Vernichtung der jüdischen Bevölkerung Europas. Ein weiteres Ziel war es, neuen Lebensraum in Osteuropa zu erobern und ein deutsches Großreich zu errichten.

Adolf Hitler mit Fabrikarbeitern – die NSDAP gab sich als „Partei der kleinen Leute" aus.

## HITLERJUGEND

Alle deutschen Kinder mussten während der nationalsozialistischen Zeit in der Hitlerjugend (HJ) zweimal pro Woche eine „Jugenddienstpflicht" ableisten. Jungen wurden mit körperlichen Übungen im Freien spielerisch auf ihre Rolle als Soldat vorbereitet. Mädchen sollten im Bund Deutscher Mädel (BDM) für ihre von den Nationalsozialisten vorgegebene Rolle als Hausfrauen befähigt werden. Zeltlager und Heimwerk-Unterricht machten vielen Kindern Spaß, doch ihnen wurden dort auch die rassistischen Ideen der Nationalsozialisten beigebracht. Als es nicht mehr genug Soldaten gab, wurden sogar Jugendliche in den Krieg geschickt.

Plakat des Bunds Deutscher Mädel

Ab 1941 mussten alle Juden den „Judenstern", eine Plakette zum Aufnähen auf die Kleidung, tragen.

## NÜRNBERGER GESETZE

Die 1935 erlassenen „Nürnberger Rassengesetze" schufen die Grundlage, um Juden, Menschen mit Behinderung, Homosexuelle, Kommunisten und andere, die nicht in das Weltbild der Nationalsozialisten passten, immer stärker aus dem öffentlichen Leben auszuschließen: Jüdische Kinder durften nicht mehr in die Schule gehen, jüdische Lehrer nicht mehr arbeiten. Es war verboten, mit einem Angehörigen jüdischen Glaubens verheiratet zu sein. Mit der sogenannten „Reichskristallnacht" 1938, in der jüdische Geschäfte und Synagogen in Brand gesetzt wurden, begann die systematische Verfolgung.

Zu den „Reichsparteitagen" inszenierte die NSDAP gigantische Massenveranstaltungen mit Tausenden Teilnehmern.

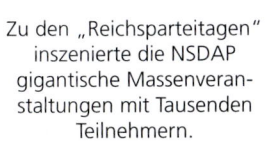

# Der Zweite Weltkrieg

Schon kurze Zeit nach dem Machtantritt begannen die Nationalsozialisten Kriegsvorbereitungen zu treffen. Hitler wollte sein Herrschaftsgebiet ausweiten und das Deutsche Reich vergrößern. 1939 überfiel Deutschland sein Nachbarland Polen und eröffnete damit den Zweiten Weltkrieg.

Kriegsflugzeuge der deutschen Luftwaffe über Frankreich

### DEUTSCHE BESATZUNG

Die überfallartigen Angriffe der Deutschen zu Kriegsbeginn auf Länder wie Polen, die Niederlande oder Frankreich werden „Blitzkrieg" genannt. Nach einem Feldzug von etwas mehr als einem Monat eroberten deutsche Truppen im Juni 1940 Paris. Dann begann in Frankreich die Zeit der deutschen Besatzung. Die Bevölkerung reagierte unterschiedlich: Manche arbeiteten mit den Besatzern zusammen, andere schlossen sich dem Widerstand gegen die Nationalsozialisten an.

Adolf Hitler vor dem Eiffelturm (Paris)

### WIEDER BRENNT EUROPA

Die deutschen Truppen eroberten in kurzer Zeit viele Länder und brachten bis 1941 fast ganz Mitteleuropa unter ihre Kontrolle. Mitte 1941 griffen sie auch Russland an, doch hier kam ihr Vormarsch zum Stoppen. Die Russen begannen, in Richtung Westen vorzurücken. 1944 landeten amerikanische Soldaten in Westfrankreich und zogen von dort in Richtung Deutschland. Deutschland wurde von zwei Seiten bedroht und im Mai 1945 von englischen, französischen, amerikanischen und russischen Soldaten erobert. Hitler hatte sich inzwischen in einem Bunker in Berlin das Leben genommen. Die deutsche Heeresleitung musste bedingungslos kapitulieren.

Mitte 1942 beherrschte Deutschland mit seinen Verbündeten mehr als die Hälfte Europas und einen Teil der Sowjetunion.

- Deutsches Reich und besetzte Gebiete
- Deutsche Verbündete oder von diesen besetzt
- Alliierte
- Neutral

Deutsche Soldaten rücken im Schutz eines Panzers Richtung Stalingrad vor (1942).

### DIE WEISSE ROSE
Während der Zeit der NS-Herrschaft konnte jeder sofort verhaftet werden, wenn er sich kritisch über die Regierung äußerte. Fünf Münchener Studenten, darunter Hans und Sophie Scholl, gründeten trotzdem die Widerstandsgruppe „Weiße Rose". Sie schrieben ihre Wut über die Nationalsozialisten auf Flugblätter, die sie heimlich an ihrer Universität verteilten. Am 18. Februar 1943 wurden sie verhaftet, nur vier Tage später hingerichtet.

Drei Mitglieder der Weißen Rose: Hans Scholl (links), Sophie Scholl und Christoph Probst

### FLUCHT AUS DER HEIMAT
Ostpreußen und Pommern gehörten seit Gründung des Deutschen Reichs 1871 zu Deutschland. Als die russische Armee ab 1944 in Richtung Westen marschierte, eroberte sie beide Regionen und vertrieb die Deutschen, die dort lebten. Die Vertriebenen mussten im Winter über Hunderte Kilometer zu Fuß aus ihrer Heimat flüchten. Sie hatten ihr ganzes Hab und Gut dabei. Bei der Ankunft im Westen hatten sie keine Wohnung und keinen Besitz. Sie wurden bei Familien zwangseinquartiert oder kamen in Auffanglager.

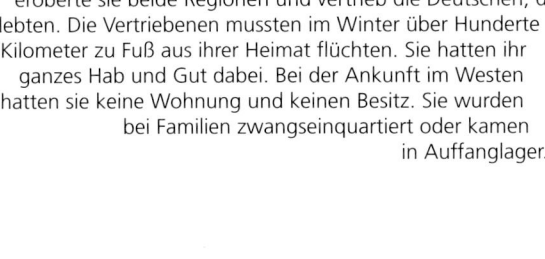

### DER HOLOCAUST
Den Völkermord der Nationalsozialisten an etwa 6 Mio. Juden während des Zweiten Weltkriegs bezeichnet man als Holocaust (von griech. *holókaustos* für „völlig verbrannt"). Den Plan, alle Juden Europas umzubringen, nannten die Nationalsozialisten verharmlosend „Endlösung der Judenfrage". Das Vorhaben wurde bürokratisch organisiert: Juden wurden in Ghettos eingepfercht und mit Zügen in Konzentrationslager deportiert. Es wurden Vernichtungslager errichtet, in denen Juden und andere Bevölkerungsgruppen festgehalten und systematisch in Gaskammern ermordet wurden. Insgesamt wurden auf diese Weise etwa 6 Mio. Juden umgebracht.

In den letzten Tagen des Kriegs wurden selbst Kinder als Soldaten in den Kampf geschickt.

Das Eisenbahntor von Auschwitz-Birkenau: Die meisten Menschen wurden in Zügen zu den Arbeits- und Vernichtungslagern deportiert.

### ANNE FRANK
Anne Frank war ein deutsches Mädchen aus Frankfurt. Weil die Familie jüdisch war, floh sie 1934 in die niederländische Stadt Amsterdam. Doch auch dort marschierten 1940 die Nationalsozialisten ein. Ab 1942 mussten sich die Franks verstecken und lebten über zwei Jahre in der ständigen Angst, entdeckt zu werden. Doch das Versteck wurde verraten. Anne Frank starb 1945 im Alter von 15 Jahren im Konzentrationslager Bergen-Belsen an einer Infektion. Ihr Tagebuch, das sie im Versteck in Amsterdam schrieb, wurde weltbekannt.

### NACH DEM KRIEG
Als die Konzentrationslager befreit wurden, zeigte sich das ganze Ausmaß der schrecklichen Herrschaft der Nationalsozialisten. Millionen Menschen waren getötet worden. Bei Gerichtsprozessen, die 1949 in Nürnberg stattfanden, wurden viele der hauptverantwortlichen Kriegsverbrecher verurteilt. Doch es gab noch viel mehr Menschen in der Bevölkerung, die sich in der NS-Zeit schuldig gemacht hatten, sei es als aktive Unterstützer, sei es als Mitläufer. Alle Überreste des Nationalsozialismus sollten nun aus dem Alltagsleben verschwinden. Dazu erließ man ein Gesetz, das regelte, dass Symbole wie z. B. das Hakenkreuz ab sofort verboten waren und nirgendwo mehr gezeigt werden durften.

Bei den Nürnberger Prozessen standen die Hauptkriegsverbrecher vor Gericht.

# Zwei deutsche Staaten

Nach Kriegsende 1945 wurde Deutschland in vier Besatzungszonen aufgeteilt. Weil es zu Unstimmigkeiten zwischen den Besatzungsmächten kam, lief alles auf eine Teilung Deutschlands hinaus: Die DDR (Deutsche Demokratische Republik) wurde sozialistisch regiert und stand unter dem Einfluss der Sowjetunion. In den drei westlichen Besatzungszonen wurde die Bundesrepublik Deutschland gegründet. Unterstützt von den USA konnte Westdeutschland mithilfe des Marshall-Plans wirtschaftlich wieder Fuß fassen. Dieser Plan sah vor, den Westteil Deutschlands mit Milliarden von US-Dollar zu unterstützen, um die Wirtschaft im Land nach Krieg und Zerstörung wieder in Schwung zu bringen.

Mitten durch Berlin verlief die „Sektorengrenze". Anfangs konnte man sie noch ungehindert passieren, sodass man im täglichen Leben die Teilung der Stadt kaum bemerkte.

**DAS BESETZTE DEUTSCHLAND**
Bei der Potsdamer Konferenz wurde Deutschland in vier Besatzungszonen aufgeteilt. Die Westalliierten – Briten, Franzosen und Amerikaner – und die Sowjetunion hatten allerdings sehr unterschiedliche Vorstellungen, wie es mit dem Land weitergehen sollte, und konnten sich nicht auf eine gemeinsame Linie einigen. Dies führte 1949 schließlich zur Teilung Deutschlands.

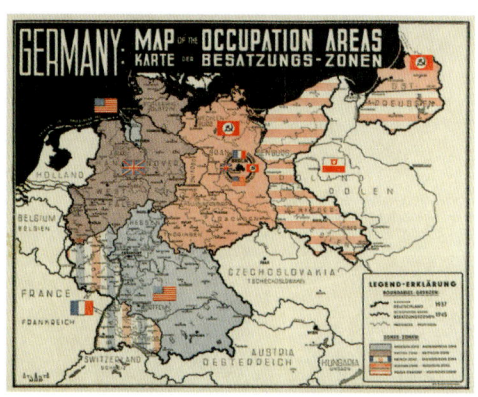

Landkarte der vier Besatzungszonen (1945). Die Flaggen stehen für die jeweiligen Besatzungsländer. Die quer gestreiften Gebiete des ehemaligen Deutschen Reichs waren Polen und der Sowjetunion zugeschlagen worden.

**ANKUNFT DER „ROSINENBOMBER"**
Als bisherige Hauptstadt war Berlin in vier Sektoren aufgeteilt worden: Der Ostteil gehörte nun zur Sowjetunion. Der Westteil wurde von den drei Westalliierten beansprucht und lag wie eine Insel innerhalb der Sowjetischen Besatzungszone (SBZ). Als es zwischen den Westalliierten und der Sowjetunion zum Streit über die weitere Regierungsform in Deutschland kam, blockierten die Sowjets ab Juni 1948 die Zufahrtswege nach Berlin, um die Bevölkerung von der Versorgung mit Nahrungsmitteln abzuschneiden. Die Westalliierten richteten daraufhin eine „Luftbrücke" ein: Sie flogen die Stadt mit Frachtflugzeugen an, um die Versorgung sicherzustellen. Die Blockade Westberlins wurde erst im Mai 1949 beendet.

Die Flugzeuge der Luftbrücke warfen kleine Pakete mit Schokolade, Kaugummi und Rosinen ab und wurden deshalb „Rosinenbomber" genannt.

*Die Flagge der BRD*

Die Flagge der DDR: Ährenkranz, Hammer und Zirkel im Wappen symbolisierten das Bündnis von Bauern, Arbeitern und Akademikern.

**GRÜNDUNG VON BRD UND DDR**
Am 23. Mai 1949 wurde die Bundesrepublik Deutschland (BRD) gegründet. Ihr erster Bundeskanzler war der CDU-Politiker Konrad Adenauer. Hauptstadt der BRD war Bonn. Kurz darauf, am 7. Oktober 1949, wurde im Ostteil Deutschlands die Deutsche Demokratische Republik (DDR) ins Leben gerufen, deren Hauptstadt Ostberlin war. Damit gab es zwei deutsche Staaten. Allerdings sollte im Osten ein sozialistischer Staat, also ein völlig neues Gesellschaftssystem, errichtet werden. Die Regierung der DDR stand von Anfang an unter dem Einfluss der Besatzungsmacht Sowjetunion.

## DIE WÄHRUNGSREFORM

Nachdem Deutschland den Krieg verloren hatte, war das deutsche Geld nichts mehr wert. Die Menschen versorgten sich auf Schwarzmärkten, bei denen sie Zigaretten oder Kohle gegen andere Waren eintauschten. Das änderte sich erst 1948 mit der Währungsreform, bei der die bis dahin gültige Reichsmark abgeschafft wurde. Im Westteil Deutschlands wurde die Deutsche Mark eingeführt. Im Ostteil gab es die Mark der DDR, die allerdings außerhalb der Landesgrenzen bald fast nichts mehr wert war.

Einer der ersten D-Mark-Geldscheine

Im Volksmund wurde die in der DDR neu eingeführte Mark als „Ostmark" bezeichnet.

Karl Marx gilt als Vordenker des Sozialismus. Dieses Denkmal steht in der sächsischen Stadt Chemnitz, die unter dem DDR-Regime Karl-Marx-Stadt hieß.

## EIN SOZIALISTISCHER STAAT

Während sich in den drei westlichen Besatzungszonen Deutschlands Demokratie und soziale Marktwirtschaft etablierten, strebte man in der DDR nach den schlimmen Erfahrungen mit dem Nationalsozialismus ein neues Gesellschaftssystem an, den Sozialismus. Die Grundidee war, dass es weder besonders arme noch besonders reiche Menschen geben sollte. Alles sollte dem Volk gehören, die Wirtschaft wurde staatlich gelenkt. Durch eine gezielte Erziehung und massive politische Propaganda sollte der Traum von einem Arbeiter-und-Bauernstaat nach dem Vorbild der Sowjetunion verwirklicht werden.

## „JUNKERLAND IN BAUERNHAND" IM OSTEN

Mit der Bodenreform und der Enteignung der wichtigsten Betriebe vollzog sich der gesellschaftliche Wandel in Ostdeutschland ganz deutlich: Bereits 1945 wurden zahlreiche Bauern gezwungen, ihren Grundbesitz abzugeben. Das enteignete Land wurde Landarbeitern, Vertriebenen und Kleinbauern zugesprochen. Diese schlossen sich später zu größeren Produktionsgenossenschaften zusammen. Die Wirtschaftsunternehmen wurden zu volkseigenen Betrieben (VEB) erklärt. Das war eine wichtige Maßnahme, denn somit konnte die gesamte Wirtschaft zentral verwaltet und staatlich geplant und gelenkt werden (Planwirtschaft).

Wirtschaftlich ging es vielen Westdeutschen so gut, dass sie sich erstmals ein Auto kaufen und damit in den Urlaub fahren konnten.

## DAS „WIRTSCHAFTSWUNDER" IM WESTEN

Durch das Vertrauen der Menschen in die D-Mark und durch die Unterstützung des Marshall-Plans kam die Wirtschaft in Westdeutschland in den 1950er-Jahren schnell in Schwung. Viele Menschen fanden wieder Arbeit und es gab ein großes Warenangebot, während vorher Mangel an allem geherrscht hatte. Bald konnten sich die Menschen auch wieder gutes Essen und schöne Kleidung leisten. Dass Deutschland sich wirtschaftlich so schnell erholen konnte, hatte man nicht für möglich gehalten. Deswegen nennt man diese Zeit bis heute „Wirtschaftswunder".

## VOLK IN AUFRUHR IM OSTEN

Ohne Marshall-Plan hatte es die DDR weit schwerer, die Wirtschaft in Gang zu bekommen. Seit 1950 wanderten immer mehr Bürger in den Westen ab, sodass es zunehmend an Arbeitskräften fehlte. Alles wurde teurer, gleichzeitig gab es immer weniger Waren, so fehlte es z. B. an Lebensmitteln. Bodenreform und Enteignung sorgten für zusätzlichen Unmut in der Bevölkerung. Nachdem die Staatsführung im Mai 1953 auch noch die Arbeitsnormen (= die Stückzahl zu produzierender Güter in einem festgelegten Zeitraum) erhöhte, kam es zu einem Volksaufstand. Über eine halbe Million Menschen protestierten am 17. Juni gegen die Regierung. Der Aufstand wurde gewaltsam vom sowjetischen Militär und der Volkspolizei der DDR niedergeschlagen.

# Unruhige Zeiten

Die Zeit nach dem Zweiten Weltkrieg bis zu den 1990er-Jahren war von einem Konflikt geprägt, der „Kalter Krieg" genannt wird. Er bestand zwischen den kapitalistischen Westmächten unter Führung der USA und dem sozialistischen Ostblock (der Sowjetunion und ihren Verbündeten). In Deutschland, an der Grenze zwischen der DDR und der BRD, stießen beide Weltanschauungen aufeinander. Neben diesem politischen Konflikt gab es auch gesellschaftliche Umbrüche: In der BRD entstanden Studenten- und Bürgerrechtsbewegungen, die grundlegende Reformen forderten.

Bei den Studentendemonstrationen setzte die Polizei oft Wasserwerfer ein, was zu Krawallen führte.

**DIE BERLINER MAUER**

In den 1950er-Jahren konnte man noch jederzeit die Grenze zwischen beiden deutschen Staaten überqueren. Die schlechte wirtschaftliche Lage und auch die politische Situation führten allerdings zu einem großen Flüchtlingsstrom von der DDR in die BRD. 1961 beschloss die DDR-Regierung, sich vom Westen abzuschotten und die Grenze zu schließen. In Berlin, das zur Hälfte zur DDR und zur Hälfte zur BRD gehörte, wurde über Nacht eine Mauer quer durch die Stadt errichtet. DDR-Bürger durften nun nicht mehr in den Westen ausreisen. Jeder, der versuchte, die Grenze heimlich zu überqueren, konnte von Soldaten erschossen werden. Insgesamt kamen über 250 Menschen bei dem Versuch, die Berliner Mauer zu überwinden, ums Leben.

**DIE „68ER" IM WESTEN**

In den 1960er-Jahren begannen Jugendliche und Studenten, Fragen über die Zeit des Nationalsozialismus zu stellen. Sie warfen der Generation ihrer Eltern vor, nicht genug gegen den Aufstieg der Nationalsozialisten getan zu haben. Außerdem forderten sie Reformen in der Politik, lehnten sich gegen die Autorität der Lehrer und Professoren auf und forderten mehr Rechte für Frauen ein. Vor allem im Jahr 1968 gab es viele Demonstrationen und Protestaktionen. Obwohl ihre Ziele nicht alle erreicht wurden, veränderte die „68er"-Bewegung doch vieles: Das gesellschaftliche Leben in der BRD wurde toleranter und offener.

1961 wurden Berlins Straßen, Plätze und Häuser durch eine Mauer geteilt. Familien wurden von ihren Angehörigen im anderen Teil der Stadt getrennt.

**DIE ROTE ARMEE FRAKTION (RAF)**

Einer kleinen Minderheit in Westdeutschland, die sich an der Protestbewegung der „68er" beteiligt hatte, gingen deren Forderungen nicht weit genug. Die Gruppe wollte keine Reformen, sondern eine völlig andere Gesellschaft. Sie gründete 1970 die RAF, eine linksradikale Terrororganisation, die politische Veränderungen in Deutschland mit Waffengewalt erzwingen wollte. Es kam zu Bombenanschlägen, Überfällen, Entführungen und Ermordungen von Politikern und Industriellen. Die RAF ging dabei sehr brutal vor. Erst 1998 löste sich die illegale Vereinigung auf.

Blick auf den Tatort: 1977 entführte die RAF den Arbeitgeberpräsidenten Hanns Martin Schleyer und ermordete ihn nach mehreren Wochen Gefangenschaft in einem geheimen Versteck.

Beim Besuch einer Gedenkstätte für die Opfer des Zweiten Weltkriegs in Warschau (Polen) fiel Brandt auf die Knie, um seine Anteilnahme auszudrücken.

**DER „KNIEFALL VON WARSCHAU"**

In den 1960er-Jahren gab es in der westdeutschen Politik zwei Leitbilder: Die einen beharrten darauf, dass man den Staaten des Ostblocks, zu denen auch die DDR gehörte, möglichst unnachgiebig gegenübertreten müsse. Andere meinten, es sei nun Zeit für eine Annäherung und Gesten der Versöhnung. Dieser Meinung war auch Willy Brandt (1913–1992). Er war von 1966–1969 Außenminister der BRD und anschließend bis 1974 Bundeskanzler. Er reiste in die östlichen Nachbarländer Deutschlands und zeigte dort, dass Deutschland sich zu seinen Kriegsverbrechen bekannte. Für seine Politik der Wiederversöhnung mit den Staaten Osteuropas erhielt Brandt 1971 den Friedensnobelpreis.

1980 wurde eine neue politische Partei gegründet: Die Grünen. Mit Plakaten wie diesem überzeugten sie 1983 so viele Bürger, dass sie die Partei in den Bundestag wählten.

An den autofreien Sonntagen konnte man dort Rollschuh laufen, wo sonst Autos fuhren.

**ÖLKRISE UND UMWELTSCHUTZ**

Der bis dahin stetig wachsende Wohlstand in Westdeutschland ging in den 1970er-Jahren erstmals zurück. 1973 kam es zur „Ölkrise": Wegen eines Kriegs zwischen Israel und arabischen Ländern war der Preis für Rohöl plötzlich stark gestiegen und damit die Benzinpreise. Um Rohöl zu sparen, verbot die Regierung daraufhin das Autofahren an vier aufeinanderfolgenden Sonntagen. Mit immer mehr Autoverkehr und Industrie wurde in den 1980er-Jahren deutlich, dass die Umwelt darunter litt. Ganze Waldgebiete starben, weil Schwefel aus Abgasen den Regen vergiftete. Schon einige Jahre vorher hatten sich Bürgerinitiativen für mehr Umweltschutz, gegen Atomkraft und für die Friedensbewegung eingesetzt.

# Leben in der DDR

Auch wenn sie das Wort „demokratisch" in ihrem Namen führte – die DDR war kein demokratischer Staat. Es gab keine freien Wahlen und es regierte nur eine Partei (die SED). Die Menschen durften nicht offen ihre Meinung sagen, wurden teilweise vom Staat bespitzelt und konnten auch nicht frei reisen. Politisch gesehen war die DDR also ein Unrechtsstaat. Andererseits gab es für die Menschen, die dort aufgewachsen waren, auch schöne Seiten. Vieles war im sozialistisch regierten Osten Deutschlands einfach anders.

## DAS ÜBERWACHTE VOLK

In der DDR gab es keine Meinungsfreiheit. Weil aber viele Menschen unzufrieden waren, war die Staatsführung ständig besorgt, dass es zu Aufständen oder zu einer Revolution kommen könnte. Die sogenannte Staatssicherheitsbehörde (Stasi) überwachte DDR-Bürger und spionierte sie aus. Die hauptamtlichen Spitzel und zahlreichen „Inoffiziellen Mitarbeiter" (IM) konnten sogar aus der eigenen Familie stammen. Kritische Äußerungen – selbst im privaten Umfeld – blieben somit meist nicht ohne Folgen. Menschen, die Missstände offen ansprachen, kamen nicht selten ins Gefängnis oder wurden sogar des Landes verwiesen.

Seit den 1990er-Jahren werden Berge von Stasi-Akten systematisch ausgewertet, um festzustellen, wie viel Unrecht begangen wurde.

Neben dem DDR-Wappen ist das Zeichen der Jungpioniere zu sehen.

Die Farbe des Halstuchs zeigte, ob man Jungpionier oder Thälmann-Pionier war.

Pioniere trugen ein weißes Hemd, FDJ-Mitglieder ein blaues.

## SCHULSYSTEM

Das Schulsystem in der DDR war relativ einheitlich. Im Vordergrund stand dabei die Erziehung der Kinder im Sinne des Sozialismus. Russischunterricht war ebenso Teil der Ausbildung wie das Fach „Staatsbürgerkunde", in dem man lernte, nicht der Einzelne sei wichtig, sondern nur die Gemeinschaft. 1978 wurde der „Wehrunterricht" eingeführt. Dabei vermittelten Soldaten der DDR-Armee den Kindern militärisches Grundlagenwissen.

Wehrunterricht in der DDR

## ORGANISATIONEN

Grundschulkinder der DDR traten automatisch der staatlichen Organisation der „Jungpioniere" bei und trugen bei bestimmten Anlässen ein weißes Hemd mit blauem Halstuch. Ab der 4. Klasse wurden sie zu Thälmann-Pionieren (benannt nach Ernst Thälmann, einem während der Zeit des Nationalsozialismus ermordeten kommunistischen Politiker) und trugen ein rotes Halstuch. Mit 14 Jahren wurde man in die FDJ (Freie Deutsche Jugend) aufgenommen. All diese Organisationen waren eng mit der Schule verknüpft und sollten ihren Mitgliedern schon früh sozialistische Werte vermitteln. Trotz des politischen Erziehungsgedankens erlebten viele aber die zahlreichen Freizeitangebote als positiv.

„Der Schwarze Kanal" war eine wöchentliche Sendung des DDR-Fernsehens, in der die Berichterstattung westdeutscher Fernsehsender scharf attackiert wurde.

## MEDIEN

Presse und Fernsehen der DDR wurden staatlich gelenkt und überwacht: Der Staat entschied, was veröffentlicht werden durfte und was nicht. Nachrichten waren somit immer aus Sicht der DDR-Führung dargestellt. Zeitungen, wie auch Rundfunk und Fernsehen, wurden hauptsächlich dazu benutzt, sozialistisches Gedankengut zu verbreiten. Der Empfang von westdeutschen Fernseh- oder Radioprogrammen war verboten. Viele Menschen sahen es allerdings trotzdem und bauten sich z. B. ihre Empfangsantennen unter das Hausdach. So konnte niemand erkennen, in welche Himmelsrichtung die Antenne ausgerichtet war.

Pfarrer wie Friedrich Schorlemmer kritisierten offen die DDR-Führung und standen unter ständiger Beobachtung der Stasi.

Berlin, 1964: 57 Bewohnern Ostberlins gelingt die Flucht in den Westen durch einen Tunnel zwischen der Bernauer Straße (West) und der Strelitzer Straße (Ost). Der Tunnel wurde von Westberliner Fluchthelfern angelegt.

### KIRCHE

Die Mehrheit der DDR-Bürger gehörte keiner Glaubensgemeinschaft an. Man feierte zwar Festtage wie Ostern und Weihnachten, jedoch ohne religiösen Bezug. Als Alternative zur Konfirmation gab es die Jugendweihe: Mit 14 Jahren wurden DDR-Schüler in einem Festakt in den Kreis der Erwachsenen aufgenommen. Die Kirchen genossen in der DDR zwar eine gewisse „Autonomie" und waren darum gerade für Andersdenkende ein wichtiger Anlaufpunkt, doch wer sich zu einem Glauben bekannte, hatte es nicht leicht, denn die SED versuchte immer wieder, Druck auszuüben und die Kirchen in ihrer Arbeit einzuschränken.

### FLUCHT

DDR-Bürgern war es grundsätzlich nicht gestattet, ins westliche Ausland zu reisen. Ihren Urlaub konnten die Menschen nur in den Ostblockstaaten verbringen. Ein Verwandtenbesuch im Westen war zwar unter bestimmten Bedingungen für Einzelpersonen erlaubt, doch die meisten DDR-Bürger bekamen keine Gelegenheit dazu. Die Einschränkung der Reisefreiheit war, neben politischen Gründen, ausschlaggebend für z. T. spektakuläre Fluchtversuche.

Grundnahrungsmittel konnten problemlos in Kaufhallen (Supermärkte) eingekauft werden. Schwieriger wurde es z. B. bei Kaffee, Schokolade oder Südfrüchten: Wenn solche Mangelwaren erhältlich waren, bildeten sich vor den Geschäften lange Schlangen (wie hier 1982 in Berlin).

### PÄCKCHEN AUS DEM WESTEN

Trotz jahrzehntelanger Trennung hielten die meisten Familien per Brief Kontakt zu ihrer Verwandtschaft im jeweils anderen Teil Deutschlands – nur wenige Menschen in der DDR hatten ein eigenes Telefon. Weil es im Osten nicht alles zu kaufen gab, waren „Versorgungspakete" von Verwandten aus dem Westen sehr begehrt. Zwar gab es in sogenannten Intershops auch in der DDR die Möglichkeit Westwaren zu kaufen, doch konnte man dort nicht mit DDR-Geld bezahlen, sondern nur mit westlichen Währungen, wie etwa D-Mark, US-Dollar oder Schweizer Franken. Zudem waren die Angebote der Intershops übermäßig teuer.

### TYPISCH DDR

Viele Dinge des Alltags sahen im Osten anders aus als im Westen. Um den besonderen Stil von DDR-Produkten hat sich ein Kult entwickelt, der heute oft „Ostalgie" genannt wird. Das „Ampelmännchen" z. B. trug in der DDR einen Hut. Bis heute finden es viele Menschen sympathischer als das „West-Ampelmännchen". Die DDR-eigene Automarke Trabant wurde von den Besitzern eines solchen Fahrzeugs liebevoll „Trabbi" genannt. Der „Trabbi" wurde optisch und technisch über 34 Jahre kaum weiterentwickelt und behielt bis zuletzt sein typisches Erscheinungsbild.

Von 1957–1991 wurde in Zwickau der Trabant gebaut.

# Die Mauer fällt

Ein unfreies Leben in der abgeschotteten DDR wollten viele Menschen im Lauf der Jahre nicht mehr hinnehmen. 1989 kam es zu einer massenhaften Fluchtwelle von DDR-Bürgern über die kurz zuvor geöffnete ungarisch-österreichische Grenze. Auch in der DDR selbst gab es Proteste: In Leipzig versammelten sich Zehntausende zu den sogenannten Montagsdemonstrationen. Es war der Anfang der „Wende", der Zeit, welche die Wiedervereinigung beider deutscher Staaten einleitete.

Feierlichkeiten zum 40. Jahrestag der DDR

### MONTAGSDEMONSTRATIONEN

Nach der Massenflucht von DDR-Bürgern über die ungarische Grenze, wurden auch innerhalb des Landes Rufe nach mehr Reisefreiheit und Demokratie laut. Zunächst versammelten sich an jedem Montagabend kleine Gruppen von Menschen in Leipziger Kirchen. Bald begannen immer mehr Menschen auch in anderen Städten montagabends auf die Straße zu gehen. Die friedlichen „Montagsdemonstrationen" setzten das Regime unter Druck.

Nach ihren Friedensgebeten gingen die Menschen mit Kerzen auf die Straße und demonstrierten für Freiheit und Demokratie.

70 000 Menschen kamen am 9. Oktober 1989 in Leipzig zusammen, um für freie Wahlen und Reisefreiheit zu demonstrieren. Diese friedlichen Proteste läuteten das Ende der DDR ein.

### MASSENFLUCHT

Unter der Führung von Michail Gorbatschow begann die Sowjetunion, sich dem Westen zu öffnen. Länder wie Ungarn und Polen fingen an, sich langsam von der engen Bindung zum sozialistischen Bruderstaat zu lösen. Im Mai 1989 öffnete Ungarn seine bislang streng bewachte Grenze zum Nachbarland Österreich. Tausende DDR-Bürger nutzten die Grenzöffnung zur Flucht. Das war eigentlich illegal. Jederzeit hätten die Flüchtenden verhaftet werden können.

DDR-Bürger flüchteten im Sommer 1989 über die Grenze von Ungarn nach Österreich und reisten von dort aus weiter in die BRD.

### DEN SCHEIN WAHREN
Trotz der Spannungen im Land feierte die DDR-Führung noch am 7. Oktober 1989 in Berlin den 40. Jahrestag der Staatsgründung. In seiner Rede lobte Generalsekretär Erich Honecker (1912–1994) die Erfolge der DDR und sah in eine positive Zukunft. Die Forderung des sowjetischen Regierungschefs Gorbatschow, das Land zu reformieren, beachtete er nicht. Am Rande der Feierlichkeiten fanden Demonstrationen statt. Immer wieder rief die Menge „Gorbi, hilf uns!"

### DER „IRRTUM" DER GRENZÖFFNUNG
Am 9. November 1989 wurde bei einer abendlichen Pressekonferenz von Günter Schabowski, einem Mitglied der DDR-Regierung, die sofortige Reisefreiheit nach Westdeutschland verkündet. Das war eine Sensation – und ein Irrtum! Die Grenze sollte erst am folgenden Morgen wirklich geöffnet werden, doch das wusste Schabowski nicht. Sofort nachdem diese Meldung über das Fernsehen verbreitet worden war, strömten Tausende Menschen zu den Grenzposten. Sie wollten sich persönlich davon überzeugen, dass die Meldung wirklich stimmte.

### „WIR SIND DAS VOLK!"
Mit der Parole „Wir sind das Volk!" machten die Demonstranten der Montagsdemos deutlich, um wen es in einem gut regierten Staat immer gehen sollte: um das Volk. Zunächst war unklar, wie die DDR-Führung auf die Demonstrierenden reagieren würde. Viele Menschen hatten Angst, dass die Armee aufmarschieren würde und Gewalt anwenden könnte. Doch erstaunlicherweise blieb es friedlich.

Zwei Tage nach der Grenzöffnung: Menschen beobachten gespannt, wie am Grenzübergang Potsdamer Platz Teile der Mauer entfernt werden.

Einen Tag nach Schabowskis Versprecher besetzen Berliner aus beiden Teilen der Stadt die Mauer am Brandenburger Tor.

### DIE GRENZE IST OFFEN
Am Abend des 9. November 1989 wurden tatsächlich die meisten Grenzübergänge zur Bundesrepublik für die DDR-Bürger geöffnet, und wenige Tage später folgten alle anderen. Die Grenzöffnung führte in kurzer Zeit zum Sturz der DDR-Diktatur. Im Januar 1990 stürmten Demonstranten die Zentrale der Staatssicherheitsbehörde, dem „Geheimdienst" der DDR, dessen Ziel es war, das eigene Volk zu bespitzeln und auszuspionieren.

*Fortsetzung auf Seite 38*

*Fortsetzung von Seite 37*

# Die Wiedervereinigung

Mit dem Anschluss der DDR an das Staatsgebiet der BRD 1990 wurde Ostdeutschland in fünf neue Bundesländer aufgeteilt und gehört seitdem zur Bundesrepublik Deutschland. Noch im selben Jahr wurde im Zuge einer Währungsreform die D-Mark auch in den neuen Bundesländern eingeführt und das ostdeutsche Geld abgeschafft. Bei aller Euphorie war die Zeit nach der Wiedervereinigung für viele Menschen jedoch keine einfache Zeit.

### EIN STAAT ODER ZWEI STAATEN?

Die alte DDR-Regierung war zurückgetreten, eine neue wollte nun demokratische Wahlen zulassen. Am 18. März 1990 fand die erste freie, gleiche und geheime Wahl in der Geschichte der DDR statt. Ein Parteienbündnis, das für eine rasche Vereinigung der beiden deutschen Staaten eintrat, gewann dabei die Mehrheit der Stimmen. Über die Frage der Wiedervereinigung wurde in den folgenden Monaten in Ost und West heftig diskutiert. Vielen Menschen wäre eine Volksabstimmung am liebsten gewesen. Doch die Regierungen von BRD und DDR einigten sich ohne das Volk: Am 3. Oktober 1990 wurde das Staatsgebiet der DDR der Bundesrepublik angegliedert. Der erste Tag der Deutschen Einheit wurde mit einem großen Volksfest gefeiert und ist ein bundesweiter Feiertag.

### BÜRGERBEWEGUNG

Die Oppositionsbewegungen der Wendezeit bemühten sich in erster Linie um eine Reformierung der DDR. Für sie war nicht die Wiedervereinigung das Ziel, ihnen schwebte vielmehr ein gemäßigt sozialistischer Staat vor. Am Runden Tisch fanden sich Bürgerrechtler mit der SED, der bislang allein dominierenden Regierungspartei der DDR, zu Gesprächen zusammen. Allerdings wurde diese Form des Dialogs 1990 wieder abgeschafft. Besonders enttäuschend war für viele, die die Wende mit ihren friedlichen Protesten erst möglich gemacht hatten, dass sie die Zukunft der DDR nun nicht mehr mitgestalten konnten. Die damals größte Bürgerbewegung, das Neue Forum, ging schließlich in der Partei Bündnis 90/Die Grünen auf.

Treffen der DDR-Oppositionsgruppe Neues Forum: An der Saalwand sieht man Tafeln mit den Namen anderer politischer Gruppierungen wie „Bündnis 90", „Demokratie Jetzt" und „Initiative Frieden und Menschenrecht".

Großbetriebe wie die Chemiefirma Leunawerke wurden nach der Wende geschlossen oder privatisiert. Tausende Menschen verloren ihre Arbeitsplätze.

### SCHWIERIGE ERSTE JAHRE
In den ersten Jahren nach der Wiedervereinigung war von den „blühenden Landschaften", die der damalige Bundeskanzler Helmut Kohl den Menschen der ehemaligen DDR versprochen hatte, lange Zeit nichts zu sehen. Im Gegenteil: Viele Ex-DDR-Betriebe mussten geschlossen werden und Tausende Menschen verloren ihren Arbeitsplatz. Zwar gab es große finanzielle Hilfen aus dem Westen, aber die plötzliche Umstellung von Planwirtschaft auf soziale Markwirtschaft war nicht einfach. Dazu kam, dass einige Menschen in Ostdeutschland sich von westdeutschen Geschäftemachern betrogen fühlten. So gab es noch lange viele Vorurteile zwischen Ost- und Westdeutschen, die sich gelegentlich spöttisch als „Ossis" und „Wessis" bezeichneten.

### TREUHAND
Mit der Wiedervereinigung hatte die Bundesrepublik das Vermögen, v. a. aber die Schulden der DDR übernommen. Die Treuhandanstalt wurde 1990 zu dem Zweck gegründet, die staatlichen Betriebe der DDR zu privatisieren. So sollte ein Teil der Schulden getilgt und gleichzeitig der Übergang in die freie Marktwirtschaft vorangetrieben werden. Dies kam allerdings einem Ausverkauf der DDR-Wirtschaft gleich: Viele Betriebe waren in einem schlechten Zustand und wurden für sehr wenig Geld verkauft oder fanden gar keine Käufer. Ganze Industriezweige gingen kaputt und die Arbeitslosenquote stieg teilweise auf bis zu 14 %.

### „VATER DER WIEDERVEREINIGUNG"?
Der CDU-Politiker Helmut Kohl war zur Zeit der politischen Wende Kanzler der Bundesrepublik. Mit viel Initiative trieb er die Vereinigung von DDR und BRD voran. Er wird daher oft als „Vater der Wiedervereinigung" bezeichnet. Kritiker werfen ihm aber auch Fehler vor. So war es Kohls Regierung, die eine Volksabstimmung zur Wiedervereinigung nicht zulassen wollte und die Einigung durchsetzte, ohne die Menschen im Land zu befragen. Auch viele wirtschaftliche Probleme in der Zeit nach der Wiedervereinigung werden z. T. Kohls Regierungsarbeit angelastet.

Helmut Kohl war der erste gesamtdeutsche Bundeskanzler.

Die Angehörigen vieler Betriebe, die geschlossen werden sollten, protestierten gegen das Vorgehen der Treuhandanstalt, wie z. B. hier 1993 bei der Deutschen Seereederei in Rostock.

### AUFBAU OST
1991 beschloss der Bundestag, dass Berlin die Hauptstadt Gesamtdeutschlands werden sollte. Es begann ein nie dagewesener Bauboom in Berlin und anderen Städten Ostdeutschlands. Das Straßen- und Schienennetz wurde ausgebaut, Schulen und Krankenhäuser wurden modernisiert und verfallene Städte und Dörfer saniert. Die neuen Bundesländer wurden für Unternehmen interessant, die sich nun dort ansiedelten. Dennoch hat der Osten Deutschlands immer noch mit hoher Arbeitslosigkeit und der Abwanderung junger Menschen zu kämpfen. Um die ungleichen Lebensverhältnisse zwischen Ost und West weiter anzugleichen, wurde der „Solidaritätszuschlag" eingeführt: eine Abgabe, die noch heute jeder Steuerzahler in Deutschland bezahlen muss.

Die Region rund um den Potsdamer Platz in Berlin wurde zur größten Baustelle Europas und zu einer Touristenattraktion.

Auf der Aussichtsplattform hatten die Besucher einen guten Überblick auf die Bauarbeiten am Potsdamer Platz.

Der Potsdamer Platz heute

# Politisches System

Die Bundesrepublik Deutschland ist heute eine moderne, weltoffene Demokratie. Die hier vorgestellten Institutionen sorgen dafür, dass sie gut funktioniert. Die Grundidee hinter allem ist die Gewaltenteilung. Hierbei liegt die Macht des Staates, die „Staatsgewalt", nicht in den Händen einer Person oder einer Gruppe, sondern wird aufgeteilt: Die Gesetze werden vom Bundestag erlassen (Legislative), die Einhaltung der Gesetze wird von der Bundesregierung und Behörden wie der Polizei sichergestellt (Exekutive), und die Rechtsprechung (Judikative) muss entscheiden, ob jemand gegen das Gesetz verstoßen hat. Auf diese Weise kontrolliert sich der Staat selbst. Dadurch soll ausgeschlossen werden, dass ein Einzelner zu viel Macht bekommt und zum Beispiel bestimmte Volksgruppen oder einzelne Personen benachteiligt.

Die Richter des Bundesverfassungsgerichts sind die einzigen in Deutschland, die eine rote Robe tragen.

**BUNDESVERFASSUNGSGERICHT**
Das höchste Gericht in Deutschland ist das Bundesverfassungsgericht. Es kommt immer dann zum Einsatz, wenn jemand der Meinung ist, dass ein neues Gesetz gegen das Grundgesetz verstoßen könnte. Jeder Bürger Deutschlands hat das Recht, eine solche Prüfung beim Bundesverfassungsgericht zu beantragen. Dem abschließenden Urteil der Verfassungsrichter muss sich jeder beugen – auch der Bundeskanzler und seine Regierung.

**GRUNDGESETZ**
1948/49 erarbeitete der Parlamentarische Rat ein neues politisches System für Deutschland. Daraus entstand das Grundgesetz: die Verfassung der Bundesrepublik Deutschland. Es enthält die wichtigsten Regeln für die Staatsgewalt und legt die Rechte der Menschen fest, die in Deutschland leben. Es ist noch heute in fast unveränderter Form gültig. Besonders wichtig sind die im Grundgesetz aufgeführten Grundrechte (S. 43). Sie dürfen von keiner Regierung, keinem Parlament oder Gericht jemals abgeschafft werden und alle müssen sich daran halten. Das Grundgesetz legt auch fest, dass Deutschland immer demokratisch regiert werden muss. Dadurch soll verhindert werden, dass noch mal ein Diktator wie z. B. Adolf Hitler an die Macht gelangen kann.

**BUNDESTAG**
Der Deutsche Bundestag besteht aus etwa 600 Abgeordneten, die das Volk auf vier Jahre bei der Bundestagswahl wählt. Er ist das Parlament oder die Volksvertretung der Bundesrepublik Deutschland. Man nennt die Abgeordneten daher auch „Volksvertreter". Bei ihren Sitzungen, die im ehemaligen Reichstagsgebäude in Berlin stattfinden, diskutieren Mitglieder und Gegner der Regierung (Opposition) über neue Gesetze. Diese Gesetze können nur beschlossen werden, wenn die Mehrheit des Bundestags zustimmt. Bei manchen Gesetzen muss auch noch der Bundesrat als Vertretung der Bundesländer einverstanden sein. Eine weitere wichtige Rolle des Bundestages ist es, die Politik der Bundesregierung zu kontrollieren.

## BUNDESRAT

Der Bundesrat besteht aus Mitgliedern der Regierungen der einzelnen Bundesländer. Alle Gesetze müssen vor ihrer Verabschiedung dem Bundesrat vorgelegt werden. Gesetzen, die die Politik der Bundesländer betreffen, muss der Bundesrat seine Zustimmung geben. Der Bundesrat darf auch selbst Gesetze einbringen und zur Abstimmung vorlegen.

## VERFASSUNGSORGANE

Deutschland wird föderal regiert. Das bedeutet, dass neben der Bundesregierung auch die Regierungen der Bundesländer viel zu sagen haben. Alle Einrichtungen, die mitentscheidend sind für die Politik im Land, orientieren sich dabei am Grundgesetz, der deutschen Verfassung. Man nennt sie daher auch Verfassungsorgane. Auf dieser Seite werden sie einzeln vorgestellt. Die nebenstehende Grafik veranschaulicht, wie die einzelnen Verfassungsorgane miteinander zusammenhängen.

Plenarsitzung im Deutschen Bundestag

## BUNDESPRÄSIDENT/IN

Im Unterschied zu vielen anderen Staaten ist in Deutschland der Bundespräsident nicht der mächtigste Politiker im Staat. Er erfüllt vor allem repräsentative Aufgaben. Das heißt, dass er z. B. im Ausland die Interessen der Deutschen vertritt oder Staatsoberhäupter anderer Länder empfängt. Darüber hinaus besitzen ohne seine Unterschrift neue Gesetze keine Gültigkeit. Er ist außerdem der einzige Politiker im Land, der das Recht hat, Gefangene zu begnadigen. Bisher gab es in Deutschland zehn Bundespräsidenten, seit 2012 hat Joachim Gauck das Amt inne. Der Bundespräsident wird von der Bundesversammlung für fünf Jahre gewählt.

Richard von Weizsäcker war von 1984–1994 Bundespräsident – bei der Bevölkerung zählt er bis heute zu den beliebtesten deutschen Politikern der Nachkriegsgeschichte.

Angela Merkel wurde im Jahr 2005 Bundeskanzlerin. Sie ist die erste Frau, die dieses wichtigste Amt im Staat ausübt.

## BUNDESKANZLER/IN UND BUNDESREGIERUNG

Der Bundeskanzler bzw. die Bundeskanzlerin ist das Oberhaupt der Bundesregierung. Das bedeutet, dass er oder sie bestimmen kann, nach welchen Grundsätzen Deutschland regiert wird, man nennt dies „Richtlinienkompetenz". Für bestimmte Arbeitsgebiete der Regierung wie Bildung, Recht, Wirtschaft oder Außenpolitik sind die Minister oder Ministerinnen zuständig. Sie werden vom Bundeskanzler ausgewählt und können bei Meinungsverschiedenheiten auch von ihm entlassen werden. Der Bundeskanzler ist demnach die wichtigste Person im politischen System. Er wird vom Bundestag auf vier Jahre gewählt. Bisher gab es acht Bundeskanzler in Deutschland. Seit 2005 gibt es erstmals in der Geschichte Deutschlands eine Bundeskanzlerin: Angela Merkel.

Fortsetzung auf Seite 42

# Demokratie

Deutschland ist eine Republik, die demokratisch regiert wird. Das Wort kommt aus dem Griechischen und bedeutet „Herrschaft des Volkes". Alle Deutschen sind an den politischen Entscheidungen im Land mitbeteiligt. Dafür gibt es Wahlen: Die Bürger wählen Parteien und Politiker, von denen sie im Parlament vertreten werden wollen. Deswegen wird die Demokratieform Deutschlands auch als „parlamentarische Demokratie" bezeichnet. Die Abgeordneten im Parlament nennt man auch Volksvertreter, denn sie versuchen, die Interessen ihrer Wähler zu vertreten. Es gibt auch noch andere Formen mitzubestimmen, z. B. indem man demonstrieren geht oder sich selbst in einer Partei engagiert.

*Bei einer Bundestagswahl hat der Stimmzettel zwei Spalten. Mit der Erststimme wird direkt ein bestimmter Kandidat gewählt und mit der Zweitstimme eine Partei.*

Auf einem Stimmzettel sind alle Parteien und Politiker verzeichnet, die zur Wahl stehen. Mit einem Kreuz zeigt der Wähler an, für welche Partei er stimmt.

### WAHLWERBUNG
Kurz vor den Wahlen werben alle Parteien für ihre jeweiligen Ziele durch Wahlprogramme und Plakate. Diese Phase nennt man Wahlkampf. In den Bundestag dürfen nur die Parteien einziehen, die mindestens 5 % aller Wählerstimmen bekommen haben. Jeder Bürger kann einer politischen Partei beitreten und dadurch Einfluss auf die Politik dieser Partei nehmen.

### DIE POLITISCHEN PARTEIEN
In Deutschland gibt es viele politische Parteien. Eine Partei setzt sich aus Politikern zusammen, die im Wesentlichen dieselben politischen Grundansichten haben. Auf diese Weise können die Bürger wissen, für welche politischen Ziele eine Partei steht. Alle Parteien haben Jugendorganisationen. Sie sind ganz ähnlich organisiert wie ihre „Mutter-Parteien". In ihnen kann man sich mit dem Programm einer Partei auseinandersetzen, darüber diskutieren und erste Verantwortung in Form von Ämtern übernehmen.

### WÄHLEN GEHEN!
Bei den Bundestagswahlen hat jeder Deutsche, der das 18. Lebensjahr vollendet hat, das Recht, seine Stimme einer Partei und einem Politiker zu geben. Außerdem gibt es Landtagswahlen, bei denen die Abgeordneten des Landtags, und Kommunalwahlen, bei denen die Politiker auf Stadt- und Landkreisebene bestimmt werden. Bei Kommunalwahlen darf in einigen Bundesländern schon ab einem Alter von 16 Jahren gewählt werden. Die Wahlen in Deutschland müssen „frei und geheim" sein. Das heißt, dass jeder seine Stimme frei einer Partei seiner Wahl geben kann und niemandem zu sagen braucht, wen er gewählt hat. Deshalb gibt es in den Wahllokalen (öffentliche Gebäude wie z. B. Schulen) Wahlkabinen, damit niemand sieht, wen man wählt.

### DIE WICHTIGSTEN DEUTSCHEN PARTEIEN

**SPD**
Sozialdemokratische Partei Deutschlands
Gründungsjahr 1890

**CDU\***
Christlich Demokratische Union
Gründungsjahr 1945

**FDP**
Freie Demokratische Partei
Gründungsjahr 1948

**BÜNDNIS 90/DIE GRÜNEN**
Gründungsjahr 1980 („Die Grünen")
(1993 Zusammenschluss mit „Bündnis 90")

**DIE LINKE**
Gründungsjahr 2007

\* Zusammen mit der Schwesterpartei CSU in Bayern bildet die CDU im Deutschen Bundestag eine Fraktionsgemeinschaft.

Jeder Deutsche darf demonstrieren und seine Meinung sagen – auch Kinder! Hier demonstrieren Schüler und ihre Eltern vor dem Brandenburger Tor in Berlin dafür, dass der Staat den Schulen mehr Geld zur Verfügung stellt.

### DEUTSCHLAND IN EUROPA

In der Europäischen Union haben sich 27 europäische Länder zusammengeschlossen. Wenn von der EU Gesetze erlassen werden, kann es sein, dass deutsche Gesetze dadurch unwirksam werden. Es ist daher wichtig, dass Deutschlands Vertreter auch im EU-Parlament sitzen, das sich in Straßburg (Frankreich) befindet. In Deutschland und 17 anderen EU-Ländern gibt es außerdem eine gemeinsame europäische Währung: den Euro. Weil der Euro nur dann eine starke Währung sein kann, wenn alle Euro-Staaten gut wirtschaften, muss Deutschland ständig mit den anderen Euro-Ländern im Kontakt bleiben und gemeinsame politische Entscheidungen treffen.

Vor dem Europäischen Parlament in Straßburg wehen die Flaggen der Mitgliedsstaaten der Europäischen Union.

*„Die Würde des Menschen ist unantastbar. Sie zu achten und zu schützen ist Verpflichtung aller staatlichen Gewalt."*

Artikel 1, Grundgesetz

### DIE WICHTIGSTEN GRUNDRECHTE

Im Grundgesetz sind rund 30 Grundrechte festgelegt, die jedem Menschen, der sich in Deutschland aufhält – also auch Menschen aus anderen Ländern –, zustehen. Einige Grundrechte werden als besonders wichtig erachtet, wie z. B. die Menschenwürde. Damit ist gemeint, dass kein Mensch wie eine Sache behandelt werden darf, sondern schon allein durch seine Existenz wertvoll ist. Menschenwürde muss man sich nicht erarbeiten, sondern besitzt sie von Geburt an. Der Gleichheitsgrundsatz besagt, dass alle Menschen gleich behandelt werden sollen und niemand bevorzugt oder benachteiligt werden darf. Die Glaubensfreiheit garantiert jedem das Recht, an die Religion zu glauben, die er für richtig hält. Meinungsfreiheit und Pressefreiheit besagen, dass jeder in Deutschland seine Meinung (auch über die Politik und die Bundesregierung) frei und offen sagen darf. Diese Meinung darf auch veröffentlicht werden, also in Zeitungen, Zeitschriften, im Fernsehen und im Internet verbreitet werden.

### MITMACHEN!

Es gibt viele Möglichkeiten der Bürgerbeteiligung, ohne dass man in einer Partei sein muss. Das reicht von der Gründung eines Bürgerforums, bei dem über die Politik der eigenen Gemeinde diskutiert werden kann, bis hin zu Demonstrationen. Bei Bürgerinitiativen schließt sich eine Gruppe von Bürgern zusammen, um ein ganz bestimmtes politisches Ziel zu erreichen. Ein Beispiel ist der Widerstand gegen das Atommüll-Lager in Gorleben (Niedersachsen). Seit Jahrzehnten organisiert eine Bürgerinitiative aus Einwohnern der Stadt bei jedem neuen Transport von Atommüll Demonstrationen. Die Antiatomkraftbewegung hat viel dazu beigetragen, dass die Bundesregierung 2011 den Ausstieg aus der Atomenergie beschlossen hat.

# Schule

Eines haben alle Kinder in Deutschland gemeinsam: Sie müssen zur Schule! Doch warum eigentlich? Und wer bestimmt, was du lernen sollst? In Deutschland ist das von Bundesland zu Bundesland unterschiedlich geregelt. Neben dem klassischen dreigliedrigen Schulsystem mit Hauptschule, Realschule und Gymnasium etablieren sich nun immer stärker auch Gesamtschulen oder sogenannte alternative Schulsysteme. Die Vielfalt des Lernens in Deutschland ist so groß wie nie zuvor.

### WAS MACHT EIN KULTUSMINISTER?
In Deutschland bestimmt jedes Bundesland selbst, was die Schüler in den Schulen lernen sollen. Dazu hat jedes Land einen Kultusminister. Er ist dafür verantwortlich, dass die Schulbildung möglichst alle Bereiche umfasst, die man für das spätere Leben braucht. Alle Kultusminister der Bundesländer treffen sich regelmäßig zur Kultusministerkonferenz. Dadurch soll sichergestellt werden, dass alle Kinder überall in Deutschland eine gleich gute Ausbildung bekommen. Lehrpläne, die von den Kultusministerien festgelegt werden, regeln, was genau in welchem Bundesland an den Schulen gelehrt wird.

Typisch für deutsche Schulanfänger ist die große, spitze Schultüte. Sie ist gefüllt mit kleinen Geschenken, Süßigkeiten und hilfreichen Gegenständen für den Schulalltag.

Lehrpläne schreiben vieles vor, lassen aber auch Freiräume zum Experimentieren. In dieser Grundschule in Dresden probiert man aus, ob schon Viertklässler mit dem Notebook lernen sollten.

### WARUM SCHULPFLICHT?
Jeder Mensch hat das Recht auf Bildung. In Deutschland gibt es die Schulpflicht, weil jedes Kind die gleichen Chancen haben soll, sich zu entwickeln – egal ob es reiche Eltern hat oder nicht. Deshalb müssen alle Kinder mindestens neun Jahre zur Schule gehen, damit sie einen Beruf ergreifen und ihre eigenen Rechte wahrnehmen können. Früher war das ganz anders: Schon kleine Kinder mussten in der Landwirtschaft und im Haushalt mitarbeiten und lernten weder Lesen noch Rechnen. Aber auch heute sind Kinder armer Eltern häufig benachteiligt und machen z. B. seltener Abitur.

### ANDERE SCHULFORMEN
Waldorfschulen und ähnliche Einrichtungen folgen einem alternativen Erziehungsmodell. Dabei sollen die Kinder nicht nur Schulwissen erwerben, sondern auch Ratschläge für das gesellschaftliche Zusammenleben erhalten und eigene Interessen und Vorlieben stärker ausleben dürfen. Wer z. B. Lust am Kochen hat, soll das auch in der Schule ausprobieren dürfen. Waldorfschulen legen auch großen Wert auf die Ausbildung handwerklicher Fertigkeiten. Diese Schulen orientieren sich an der Lehre des Philosophen Rudolf Steiner.

## NICHT NUR LERNEN

Als Ausgleich zum normalen Unterricht ist Sport sehr wichtig und ist in Deutschland deshalb ein Schulfach. Einmal im Jahr finden an deutschen Schulen die Bundesjugendspiele statt, eine Sportveranstaltung, bei der Schüler für besonders gute Leistungen verschiedene Urkunden bekommen. Neben den vorgeschriebenen Fächern gibt es die Möglichkeit in Projekt- und Arbeitsgemeinschaften (AGs) aktiv zu werden. Viele Schulen bieten Kunst-, Musik- oder Sprach-AGs an, um die individuellen Interessen der Schüler zu fördern. Es gibt zudem die Wahl zum Schülersprecher und zum Klassensprecher. Dadurch können Schüler Verantwortung für die Klassengemeinschaft und die Mitgestaltung des Schulalltags übernehmen.

Beim Sportunterricht in der Turnhalle klettern die Schüler über eine Bank zur Sprossenwand.

## DAS DEUTSCHE SCHULSYSTEM

Ab dem Alter von sechs Jahren gehen deutsche Kinder vier oder sechs Jahre in die Grundschule. Danach besuchen sie einen von drei weiterführenden Schultypen. Mit einem Abschluss der Hauptschule (nach der 9. Klasse) oder der Realschule (nach der 10. Klasse) kann man eine Berufsausbildung machen, beispielsweise in einem Handwerksbetrieb oder Industrieunternehmen. Haupt- und Realschüler mit guten Noten können auch auf eine andere Schulart wechseln, um einen höheren Bildungsabschluss zu erreichen. Kinder, die das Gymnasium besuchen, können nach insgesamt 12 oder 13 Schuljahren das Abitur erwerben. Es ist die Voraussetzung für ein Hochschulstudium. Neben diesen drei Schultypen gibt es in manchen Bundesländern noch Gesamtschulen und Gemeinschaftsschulen. Dort lernen alle Kinder eines Jahrgangs zunächst miteinander, und werden erst später, je nach ihren speziellen Interessensgebieten und Fertigkeiten, in Lerngruppen eingeteilt.

An fast allen deutschen Gymnasien ist es Brauch, dass die Abiturienten an ihrem letzten Schultag einen Abischerz veranstalten und den Schulbetrieb zugunsten einer großen Pausenhoffeier „lahmlegen".

Diese Schüler einer Dresdener Waldorfschule lernen, wie man nach traditionellen Methoden Eisen schmiedet.

# Die Welt in Deutschland

Deutschland ist eines der größten Einwanderungsländer in Europa. Das heißt, dass ein großer Anteil der in Deutschland lebenden Bevölkerung ursprünglich in anderen Ländern geboren wurde und erst später in die Bundesrepublik gezogen ist. Man sagt, diese Menschen hätten einen „Migrationshintergrund". Viele von ihnen bringen aus ihrem Heimatland ihre Sitten und Gebräuche, ihre Musik oder vielleicht Kochrezepte mit. Deutschland wird dadurch noch vielfältiger!

### WIE VIELE MIGRANTEN LEBEN IN DEUTSCHLAND?

Rund 9 % aller Menschen, die in Deutschland leben, haben eine andere Nationalität. Das sind somit über 7 Mio. Menschen. Sie stammen überwiegend aus der Türkei, aus Italien oder aus Polen. Dazu kommen diejenigen, die eingebürgert wurden: Menschen, die nachträglich die deutsche Staatsbürgerschaft angenommen haben und nun Deutsche sind. Diese Möglichkeit hat jeder Ausländer, der mindestens acht Jahre lang rechtmäßig in Deutschland gelebt hat.

Menschen mit ausländischen Wurzeln sind aus Deutschland nicht mehr wegzudenken. Zu den prominentesten gehören die Fußballspieler Samy Khedira (Sohn einer deutschen Mutter und eines tunesischen Vaters) und Mesut Özil, dessen Eltern eingebürgerte Türken sind. Beide spielen für die deutsche Fußballnationalmannschaft.

### WAS BEDEUTET „INTEGRATION"?

Die Menschen in Deutschland sollen friedlich miteinander leben und eine Gesellschaft bilden, die für alle gleiche Chancen bietet. Dazu gehört es, dass sich auch Eingewanderte zu den Werten des Grundgesetzes bekennen. Im Grundgesetz steht z. B., dass Frauen und Männer gleich behandelt werden müssen. Zudem soll jeder der Religion nachgehen dürfen, an die er glaubt und soll außerdem die Religion der anderen respektieren. Zur Integration gehört ebenso, dass man die deutsche Sprache spricht. Nur dann kann man einen Gedankenaustausch mit anderen Mitbürgern pflegen und erfolgreich einem Beruf nachgehen.

Die wichtigste Grundvoraussetzung zur Integration ist das Erlernen der deutschen Sprache. Wer Deutsch spricht, kann in Deutschland einfacher eine Arbeit finden und knüpft auch schneller neue Bekanntschaften. An Integrationssprachkursen können Menschen aller Altersklassen teilnehmen.

### BEREICHERUNG DURCH ANDERE KULTUREN

Der Lieblingsimbiss der Deutschen ist ein türkischer Snack: Nichts wird so oft tagtäglich auf deutschen Straßen gegessen wie Döner Kebab – Fleisch vom Grillspieß mit Salat im Fladenbrot. Zum deutschen Stadtbild gehören Asia-Läden, griechische Gemüsehändler sowie italienische Eiscafés – sie alle bereichern den Alltag. Die zugewanderten Menschen aus anderen Ländern kommen auch der Wirtschaft zugute: Deutschland kann aus eigener Kraft nicht so viele hoch qualifizierte Facharbeiter hervorbringen, wie es benötigen würde. Die deutsche Regierung wirbt daher im Ausland und hofft, dass noch mehr Menschen zu uns ziehen, die mit ihren beruflichen Kenntnissen zum Wohlergehen aller beitragen können.

Viele Migranten halten den Kontakt zur Heimat und zur Heimatsprache aufrecht, indem sie das heimische Fernsehprogramm empfangen – und das geht meist nur über Satellitenfernsehen.

Berliner aus dem überwiegend von Migranten geprägten Stadtteil Berlin-Kreuzberg feiern beim „Karneval der Kulturen".

### ANGST VOR DER „PARALLELGESELLSCHAFT"
Die meisten Menschen, die aus anderen Ländern zu uns kommen, bemühen sich um ein gutes Zusammenleben mit den Deutschen, z. B. in Großstadtvierteln, deren Bewohner und Ladenbesitzer sowohl aus Deutschland als auch aus anderen Ländern stammen. Solche „multikulturellen" Stadtviertel sind oft sehr beliebte Wohn- und Geschäftsstandorte. Nicht jeder kann sich das leisten. Und so landen viele Migranten in Stadtvierteln, wo die Wohnungen sehr billig und oft schlecht instand gesetzt sind. Dort bleiben die Einwohner häufig „unter sich" und haben fast keinen Kontakt zur überwiegend deutschsprachigen Außenwelt. Bei manchem kommt da die Angst vor der „Parallelgesellschaft" auf.

### FREMDENFEINDLICHKEIT
Rassistische Tendenzen gibt es leider überall, auch in Deutschland. Dort sind sie heute aber nicht stärker ausgeprägt als z. B. in Frankreich, Großbritannien oder anderen Ländern. Da aber in der Zeit des Nationalsozialismus die Menschen in Europa aufgrund ihrer Abstammung sogenannten „minderwertigen Rassen" zugeordnet und ermordet wurden, beobachtet man hier solche Strömungen mit besonderer Sorge. Somit trägt jeder deutsche Bürger eine besondere Verantwortung: Das Zusammenleben mit anderen Kulturen klappt nur, wenn beide Seiten „mitmachen".

In Deutschland gibt es immer wieder Demonstrationen gegen Fremdenhass.

### ISLAM IN DEUTSCHLAND
Der Islam ist eine Religion, die in der Türkei, in arabischen Ländern und in Teilen Asiens und Afrikas verbreitet ist. Seine Anhänger nennt man Muslime. Der Islam entstand, ebenso wie das Christentum, im Nahen Osten. Beide Religionen sind sich im Kern ähnlich. Trotzdem empfinden viele Deutsche den Islam als fremdartig und exotisch. Er kam nämlich erst vor rund 50 Jahren mit den ersten Einwanderern aus islamischen Staaten nach Deutschland. Das Christentum hingegen hat hier eine jahrtausendealte Geschichte. Heute jedoch gehört der Islam zur deutschen Gesellschaft dazu – das hat der frühere Bundespräsident Christian Wulff bei einer Rede zu seinem Amtsantritt 2010 besonders betont.

Geschäft für orientalische Geschenkartikel in Berlin

Beim „Tag der offenen Moschee" kann jeder die Moscheen in seiner Nachbarschaft besuchen und etwas über den Islam erfahren.

# Deutschland in der Welt

Verglichen mit anderen Ländern ist Deutschland relativ klein – doch immer wieder ist das Land in den Blickpunkt des Weltinteresses getreten. Auswanderer, die von Deutschland ausgehend in fremde Länder reisten, haben viele Traditionen aus Deutschland „mitgenommen" und prägen so auch das Leben in ihrer neuen Heimat. Überall auf der Welt finden sich deutsche Hinterlassenschaften, und es ist spannend, nach ihnen zu suchen.

**AUSWANDERUNG ALS FLUCHT**
Von 1933–1945 wurde Deutschland von den Nationalsozialisten regiert. Dieses Regime setzte eine schreckliche Judenverfolgung in Gang (S. 29) und beherrschte fast ganz Westeuropa. Viele Juden und andere, die von den Nationalsozialisten verfolgt wurden, sahen nur eine Möglichkeit: die Auswanderung in ein möglichst weitentferntes Land. Viele von ihnen flüchteten in die USA, aber auch nach Südamerika.

**VON DEUTSCHLAND NACH GERMANTOWN**
Vom 17. bis ins 19. Jh. kam es in Teilen Deutschlands häufig zu besonders harten Wintern. Es folgten Hungersnöte und bittere Armut. Viele Deutsche beschlossen zu dieser Zeit, auszuwandern und in anderen Teilen der Welt ihr Glück zu versuchen. Die meisten verwendeten ihr mühsam gespartes Geld, um einen Platz in einem Schiff nach Amerika zu ergattern. Wer es geschafft hatte, ließ sich gern zusammen mit seinen Landsleuten in einer Gemeinde oder einem Stadtviertel nieder. So gibt es in Amerika Städte mit Namen wie Germantown, New Berlin oder Stuttgart. Die Häuser, die die deutschen Einwanderer bauten, waren oft denen aus ihrer alten Heimat nachempfunden. Sowohl in den USA als auch in Südamerika gibt es daher Ortschaften, in denen z. B. Fachwerkbauten im altdeutschen Stil stehen.

**HENRY KISSINGER**
Der aus Fürth in Bayern stammende Heinz Alfred Kissinger war von 1973–1977 Außenminister der USA. Als Angehörige des jüdischen Glaubens hatte seine Familie 1938 das damals nationalsozialistisch regierte Deutschland verlassen und war in die USA emigriert.

**DEUTSCHES BIER**
Deutschland ist weltweit für seine guten Biere bekannt: Es gibt mehr als 1200 Brauereien und die Auswahl an Biersorten ist riesig. Deutsche Biere werden wegen ihrer Qualität und „Reinheit" geschätzt, denn nach wie vor wird nach dem Reinheitsgebot aus dem 16. Jh. gebraut. Das beliebteste Bier ist das Pils.

Blumenau in Südbrasilien wurde 1850 von dem deutschen Apotheker Hermann Blumenau gegründet und im deutschen Kolonialstil erbaut.

Auswanderer organisierten Protestaktionen gegen Nazi-Deutschland, wie hier in New York 1938.

Viele Facharbeitskräfte aus den Bereichen der Arztberufe und der Bio- und Gentechnikforschung sind bereit, Deutschland zu verlassen, um in anderen Ländern, wie etwa den USA, zu arbeiten.

### AUSWANDERER HEUTE

Auch heute noch gibt es Menschen, die Deutschland verlassen und in einem anderen Land ihr Glück suchen. Die Gründe dafür sind ganz unterschiedlich und reichen von der Hoffnung, in einem anderen Land besser Arbeit zu finden, bis hin zur puren Lust an Exotik und Abenteuer. Deutsche, die aus beruflichen Gründen auswandern, gehen häufig in die Schweiz und nach Österreich, aber auch in weit entfernte Länder mit stabiler Wirtschaftslage, wie etwa China, Kanada, Australien oder Neuseeland. Auch die USA sind weiterhin ein beliebtes Ziel, weil es dort viele Firmen gibt, die in ihren Bereichen weltweit führend sind.

2011 erhielt Justin Bieber einen der wichtigsten deutschen Fernsehpreise, den Bambi.

Werbung für Sprachkurse des Goethe-Instituts auf einem Linienbus in Israels Hauptstadt Tel Aviv

### WAS MACHT DAS GOETHE-INSTITUT?

Das Goethe-Institut ist ein Verein, der in der ganzen Welt Sprachkurse zum Erlernen der deutschen Sprache anbietet. Dabei ist das Ziel, den Lernenden auch viele Informationen über Deutschland nahezubringen. Dazu gibt es auch kulturelle Veranstaltungen, wie z. B. Lesungen oder Konzerte. Das Institut wurde nach Deutschlands bekanntestem Dichter, Johann Wolfgang von Goethe, benannt. Sein Hauptsitz befindet sich in München, und es unterhält über 150 Zweigstellen in insgesamt 92 Ländern der Erde. Diese aufwendige Art der Sprach- und Geschichtsvermittlung ist weltweit einmalig. Der deutsche Staat gibt dafür jährlich rund 335 Mio. Euro aus.

### DEUTSCHE WURZELN

Weltbekannte Stars haben deutsche Vorfahren. Der US-Popsänger Justin Bieber z. B. hatte einen nach Kanada ausgewanderten Großvater, von dem sich sein deutsch klingender Nachname herleitet. Der Großvater der Schauspielerin Sandra Bullock war ein Raketenforscher aus Nürnberg. Der Vater der Schauspielerin Kirsten Dunst war ein nach Amerika ausgewanderter deutscher Arzt. Kirsten Dunst hat inzwischen neben der amerikanischen sogar die deutsche Staatsbürgerschaft angenommen und ist somit faktisch auch Bürgerin der Bundesrepublik Deutschland. Und der Schauspieler Leonardo di Caprio ist besonders „international": Sein Vater ist Italo-Amerikaner, also Nachkomme von nach Amerika ausgewanderten Italienern, und seine Mutter ist eine Deutsche.

# Wirtschaft – made in Germany

Deutschland gehört zu den wichtigsten Wirtschaftsnationen der Welt. Dabei spielen die deutsche Industrie und der Export eine entscheidende Rolle: Deutsche Produkte wie Autos, Maschinen oder chemische Erzeugnisse haben einen guten Ruf und werden auch im Ausland gern gekauft. Als Rückgrat der deutschen Wirtschaft gilt der Mittelstand, das sind häufig Familienunternehmen mit weniger als 500 Angestellten. Die meisten Menschen arbeiten in dem Bereich der Dienstleistungen, etwa in Banken, in Hotels oder Krankenhäusern.

In Deutschland sind einige der wichtigsten Chemiekonzerne der Welt beheimatet. Die Anlagen der Firma BASF in Ludwigshafen bilden die größte Chemiefabrikation der Welt.

### SOZIALE MARKTWIRTSCHAFT

In Deutschlands Wirtschaft herrscht freier Wettbewerb: Die Unternehmen werben mit ihren Angeboten um die Käufer oder Kunden. Der Staat greift aber mit Gesetzen ein, die verhindern sollen, dass es zu großen Ungerechtigkeiten kommt. Diese Wirtschaftsform nennt man soziale Marktwirtschaft. Trotz der Unterstützung vom Staat gibt es in Deutschland auch Armut – weil manche Menschen nicht genug verdienen, obwohl sie arbeiten, oder weil sie arbeitslos sind.

Allein die deutsche Autoindustrie produziert in jedem Jahr etwa 5,8 Mio. neue Autos.

### „MADE IN GERMANY"

Deutschland ist bekannt für seine hochwertig verarbeiteten Produkte. Den Deutschen wird in anderen Ländern nachgesagt, sie seien technisch fortschrittlich und arbeiteten gewissenhaft und qualitätsbewusst. Allein die Aufschrift *Made in Germany* auf einem Produkt ist für viele Menschen schon ein Kaufargument. Viele wegweisende Technologien, wie spezielle Industriemaschinen oder moderne Lasertechnik, wurden in Deutschland entwickelt. Deshalb ist es wichtig, dass Wissenschaftler, Ingenieure u. a. immer weiter forschen und neue Erfindungen gemacht werden.

Schriftzug *Made in Germany* auf einer Übersee-Frachtkiste

### GRÜNE TECHNOLOGIEN

Deutschland hat sich hohe Klimaschutzziele gesetzt: Es will den Ausstoß des klimaschädlichen $CO_2$ massiv reduzieren und bis 2050 die Hälfte des gesamten Energiebedarfs mit erneuerbaren Energien decken. 2011 lag der Anteil erstmals bei 20 %. Kein Wunder – nirgendwo auf der Welt stehen mehr Solaranlagen als hier. Diese Vorreiterrolle versuchen deutsche Unternehmen zu nutzen und haben sich eine führende Position bei der Entwicklung grüner Technologien erarbeitet. Auch in der für Deutschland so wichtigen Automobilbranche werden verstärkt umweltfreundliche Technologien erforscht und entwickelt.

Im Bereich der Lasertechnik gehört Deutschland zu den führenden Anbietern auf dem Weltmarkt.

„Deutsche" Produkte entstehen nicht immer im eigenen Land: Dieser Motor eines deutschen Autoherstellers wird im US-Bundesstaat Alabama gefertigt.

### GLOBALISIERUNG ... UND DEUTSCHLAND MITTENDRIN!

Durch die guten Geschäftsbeziehungen mit vielen Ländern gehört Deutschland zu den Nationen, die durch Auftragsvergabe an oder Auftragsabwicklung von Firmen aus aller Welt die Globalisierung vorantreiben. Globalisierung bedeutet, dass die Entfernung zwischen zwei Handelspartnern oder zwischen den Orten der Produktion und des Verkaufs heute keine große Rolle mehr spielt. Es kann also sein, dass ein als „deutsch" bezeichnetes Auto gar nicht in Deutschland hergestellt wurde, sondern z. B. in den USA oder in Asien.

### DEUTSCHLAND IM WIRTSCHAFTSVERGLEICH

Jedes Jahr werden in Deutschland viele Dinge hergestellt, z. B. Autos und andere Geräte. Den Wert der hergestellten Waren und der Arbeit, die in einem Land geleistet wird, nennt man Bruttoinlandsprodukt. Damit kann man vergleichen, wie erfolgreich ein Land wirtschaftlich ist. Deutschland hat weltweit gesehen das fünfthöchste Bruttoinlandsprodukt. In Europa liegt Deutschland mit einigem Abstand an der Spitze: Erst auf den Plätzen acht und neun der „Weltrangliste" folgen Großbritannien und Frankreich.

Weil viele Produkte Deutschland per Eisenbahn verlassen, gibt es in einigen Städten riesige Güterbahnhöfe, wie hier in Hamburg.

### EXPORTWELTMEISTER

Von 2003 bis 2008 wurde Deutschland als „Exportweltmeister" bezeichnet. Das bedeutet, dass die in Deutschland hergestellten Produkte in der ganzen Welt so sehr nachgefragt wurden, dass niemand mehr Waren in andere Länder exportierte als Deutschland. Der Wirtschaftserfolg der Bundesrepublik beruht also v. a. darauf, dass Menschen aus anderen Staaten deutsche Maschinen und Konsumgüter kaufen. China verfolgt eine ähnliche Strategie: 2009 konnte sich der asiatische Staat zum ersten Mal den Titel „Exportweltmeister" sichern, und Deutschland rangiert seitdem nur noch auf dem zweiten Platz.

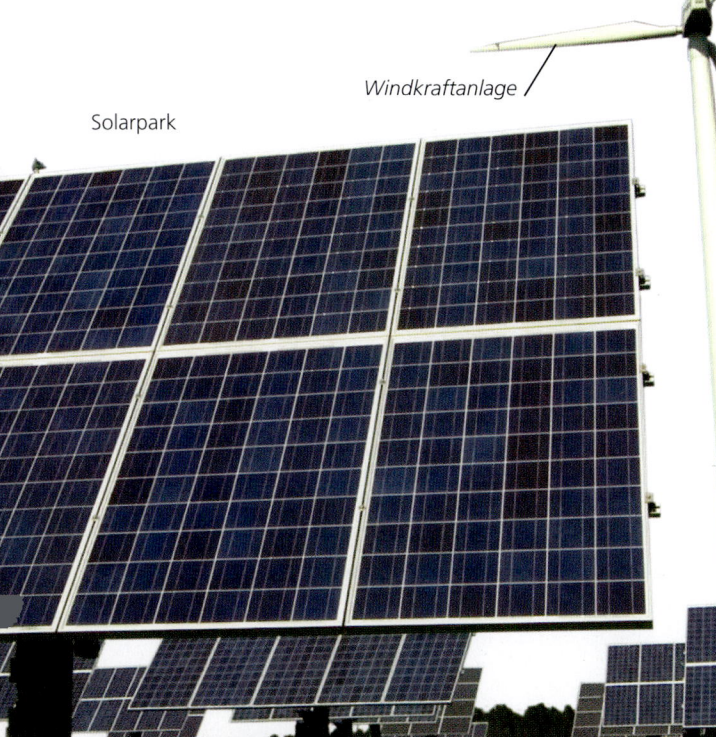

*Windkraftanlage*

Solarpark

# Literatur, Theater und Film

Als „Land der Dichter und Denker" ist Deutschland eine Buchnation und Heimat vieler großartiger Dichter – von Goethe und Schiller, die die Epoche der Weimarer Klassik im 18. Jahrhundert prägten, bis hin zu den Nobelpreisträgern neuerer Zeit. Die größte Buchmesse der Welt findet jedes Jahr in Frankfurt statt. Die deutsche Theaterlandschaft ist sehr vielfältig – auch in kleineren Städten gibt es Spielhäuser. Filme aus Deutschland sind Teil der Filmgeschichte und auch immer wieder international erfolgreich.

### DEUTSCHLAND UND DIE BÜCHER
Mehr als 2800 Verlage gibt es in Deutschland. In Frankfurt am Main treffen sich alljährlich über 7500 Verlage aus mehr als 110 Ländern zur Frankfurter Buchmesse – der größten Bücherschau der Welt! Für das Lesepublikum ist die Leipziger Buchmesse vielleicht noch spannender, obwohl sie deutlich kleiner ist. Sie findet jedes Jahr im Frühjahr statt. Dort werden v. a. Romane, Kinderbücher und Bildbände gezeigt. Durch Lesungen bekannter Autoren, Signierstunden, Podiumsdiskussionen und Kulturveranstaltungen wird eine Buchmesse stets zu einem wahren Lesefest!

Denkmal für Goethe (links) und Schiller (rechts) in Weimar

### DEUTSCHE KLASSIKER
Deutschland hat so viele Dichter und Schriftsteller hervorgebracht, dass man sie kaum alle aufzählen kann. Unangefochten an der Spitze steht Johann Wolfgang von Goethe (1749–1832). Gemeinsam mit Friedrich Schiller (1759–1805) gehörte er zu den Vertretern der Weimarer Klassik, einer literarischen Epoche im 18./19. Jh. Goethe und Schiller waren schon damals so erfolgreich, dass sie die gesamte europäische Literatur entscheidend beeinflussten. Ihre Gedichte und Theaterstücke wurden zu Klassikern der Weltliteratur und werden auch heute noch gelesen und aufgeführt.

### LITERATURNOBELPREIS
Der Literaturnobelpreis wird von der schwedischen Akademie der Wissenschaften verliehen und ist die weltweit höchste Auszeichnung für Literaten. Bisher gewannen zehn deutsche Autoren diesen Preis. Von ihnen sind v. a. Günter Grass, Hermann Hesse, Heinrich Böll und Thomas Mann sehr bekannt geworden. Ihre Bücher erreichten ein großes, internationales Publikum und wurden zum Teil auch verfilmt. Die letzte Deutsche, die mit dem Preis ausgezeichnet wurde, war 2009 Herta Müller.

Hermann Hesse (1877–1962)

Thomas Mann (1875–1955)

Heinrich Böll (1917–1985)

Günter Grass (geb. 1927)

Herta Müller (geb. 1953)

Stand des Dorling-Kindersley-Verlags auf der Frankfurter Buchmesse

### MÄRCHEN UND SAGEN

Wie überall auf der Welt hat man sich auch in Deutschland schon immer gern Sagen und Legenden weitererzählt. Die bekannteste deutsche Legende ist die Nibelungensage. Sie handelt von dem Adelsgeschlecht der Nibelungen, das in Wirklichkeit aber nie existiert hat. Deswegen können in der Sage auch ein Drache, ein Zwergenkönig, Nixen und Walküren (geisterhafte Kriegerinnen) auftauchen. Aus dem reichen deutschen Sagenschatz schöpften die Autoren der Deutschen Romantik im 19. Jh. Vor allem die Brüder Grimm und Wilhelm Hauff kombinierten Sagenelemente verschiedener Legenden und kreierten daraus neue, interessante Märchenerzählungen, wie z. B. *Rotkäppchen*, *Dornröschen* oder *Zwerg Nase*.

Buchillustration zu einem der bekanntesten Märchen der Brüder Grimm: *Rotkäppchen*

Jugendbuch-Klassiker: *Tintenherz* von Cornelia Funke und *Winnetou* von Karl May

### DIE FILMBEGEISTERTEN DEUTSCHEN

Von Pionierleistungen bis zu internationalen Erfolgen – nach der Erfindung der Films entwickelte sich in Deutschland schnell eine ausgeprägte Kinokultur. In dem ältesten Filmstudio der Welt in Potsdam/Babelsberg entstand das Stummfilm-Meisterwerk *Metropolis* (1927) von Fritz Lang, das Filmgeschichte schrieb. Der erste Oscar (die höchste internationale Auszeichnung) für einen deutschen Film ging an *Die Blechtrommel* (1979) nach einem Roman von Günter Grass. Mit dem Publikumsrenner *Lola rennt* (1998) begann eine Erfolgswelle für den deutschen Film. Es folgten Produktionen wie *Goodbye Lenin!* (2003) oder *Das Leben der Anderen* (2006), der ebenfalls einen Oscar gewann.

### VON *MAX UND MORITZ* BIS *TINTENHERZ*

Deutsche Kinderbücher haben eine lange Tradition und zeichnen sich durch eine große Vielfalt aus. Die Kinderbuch-Klassiker reichen von Wilhelm Buschs (1832–1908) gereimten Streichen von *Max und Moritz* über die *Winnetou*-Abenteuer von Karl May (1842–1912) bis hin zu Otfried Preußlers (geb. 1923) Geschichten *Krabat* oder *Räuber Hotzenplotz*. Die Bücher *Momo*, *Die unendliche Geschichte* und *Jim Knopf* von Michael Ende (1929–1995) stehen in vielen Kinderzimmern. Heute sorgen Jugendbuchautorinnen wie Cornelia Funke (geb. 1958) dafür, dass den jungen Lesern die Träume nicht ausgehen. Ihr Roman *Tintenherz* wurde weltweit gefeiert und 2008 verfilmt.

Franka Potente in Tom Tykwers Film *Lola rennt*

### VORHANG AUF!

Die deutsche Theaterlandschaft ist mit rund 400 Spielstätten besonders vielfältig. Gotthold Ephraim Lessing (1729–1781) steht am Beginn des deutschen Nationaltheaters und schrieb Bühnenklassiker wie *Nathan der Weise* oder *Emilia Galotti*. Eines der meistgespielten Stücke ist Goethes *Faust*, das Drama über einen Gelehrten, der einen Pakt mit dem Teufel schließt. Bertolt Brecht (1898–1956) zählt zu den bekanntesten deutschen Dramatikern des 20. Jh. Er schrieb sozialkritische Stücke, die aber auch unterhaltend sind, z. B. *Die Dreigroschenoper*, ein Theaterstück mit Musiknummern, von denen einige Songs zu Welthits wurden. Ein wichtiger moderner Dramatiker ist Heiner Müller (1929–1995). Stücke wie *Mauser* oder *Die Hamletmaschine* setzen sich kritisch mit der DDR-Vergangenheit auseinander, aber auch mit dem Theater selbst.

Aufführung einer Inszenierung von Heiner Müller an der Berliner Volksbühne

# Kunst

Deutsche Künstler haben schon früh bedeutende Kunstwerke hervorgebracht. Von den religiös motivierten Malern des Mittelalters bis hin zu den Expressionisten, die ihre Inspiration aus den Umwälzungen der modernen Zeit erhielten, gibt es eine große Bandbreite sehenswerter Kunst aus Deutschland. Die Namen einiger Maler sind daher weltweit bekannt. Manche von ihnen schlossen sich zu Gruppen zusammen und entwickelten gemeinsam neue Ideen. Sie beeinflussten damit die Kunstszene auch international.

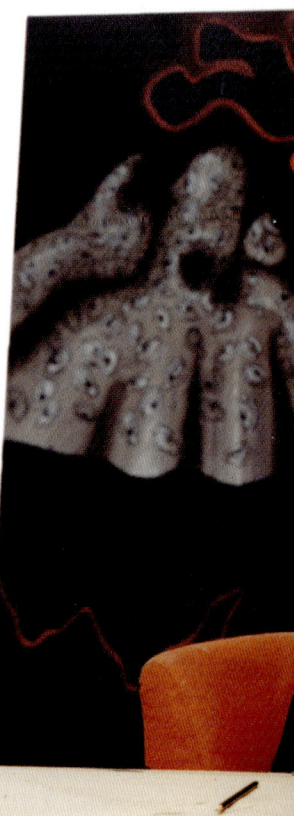

*Grünewalds Altarbild zeigt keinen „schönen" Jesus, sondern die Grausamkeit der Kreuzigung. Das sprach vielen Menschen aus dem Herzen, die im Mittelalter selbst viel Leid erlebten.*

*Der „Isenheimer Altar" wurde zwischen 1506 und 1515 von Matthias Grünewald gestaltet.*

*Der Leib von Jesus ist größer als die umstehenden Personen dargestellt. So hebt Grünewald die Wichtigkeit Jesu hervor.*

### MITTELALTER

Die Malerei des Mittelalters zeigt meist Geschichten aus der Bibel oder Heiligenlegenden, weil die Kirche in der Regel der Auftraggeber für Maler und Bildhauer war. Kleidung, Alltagsgegenstände und Häuser sehen auf den Bildern also so aus wie im Mittelalter. Daher geben diese Werke einen spannenden Einblick in das Leben der damaligen Menschen. Bedeutende Künstler dieser Zeit waren z. B. die Bildhauer Tilman Riemenschneider (um 1460–1531) und Veit Stoß (um 1448–1533) sowie der Maler Matthias Grünewald (um 1480–um 1528).

*Selbstporträt Albrecht Dürers (1498)*

### BERÜHMTE MALER

Unter den zahllosen Künstlern, die in Deutschland geboren wurden, waren einige so einflussreich, dass sie mit ihrem Werk die gesamte nachfolgende Kunstgeschichte geprägt haben. Zu diesen herausragenden Meistern gehörte Albrecht Dürer (1471–1528). Er schuf Bilder, die sich bis heute durch ihre wirklichkeitsgetreue Darstellung auszeichnen. Im 19. Jh. eroberten die deutschen Romantiker die Kunstwelt. Bilder im Stil der Romantik sprachen ein großes Publikum in ganz Europa an. Caspar David Friedrich (1774–1840) war aus heutiger Sicht der bedeutendste Maler dieser Zeit.

*Der Wanderer über dem Nebelmeer*

Caspar David Friedrich malte idealisierte Naturdarstellungen. Die Landschaften, die er auf die Leinwand zauberte, gab es so in der Wirklichkeit nicht.

*Turm der blauen Pferde* von Franz Marc (1913)

### EXPRESSIONISMUS

Zu Beginn des 20. Jh. entwickelte sich in Deutschland der Expressionismus – ein neuer Kunststil, den deutsche Künstler maßgeblich beeinflussten. Die Künstler wollten etwas Neues schaffen und nicht mehr einfach nur Dinge abbilden, wie sie in Wirklichkeit sind, sondern ihre Gefühle ausdrücken. Deshalb übertreibt die expressionistische Kunst durch verzerrte Formen und leuchtende Farben. Franz Marc (1880–1916) malte Tiere in den unterschiedlichsten Farben, weil Farben für ihn bestimmte Bedeutungen hatten. Er malte die Welt also nicht, wie er sie sah, sondern wie er sie fühlte. Aus Marcs Vorliebe für die Farbe Blau entstand der Name „Blauer Reiter" – eine Künstlerbewegung, die er mit Wassily Kandinsky gründete.

*Blau symbolisierte für Franz Marc das Männliche, Geistige und Herbe.*

### DIE BRÜCKE

„Die Brücke" war eine expressionistische Künstlergruppe, die 1905 u. a. von Ernst Ludwig Kirchner (1880–1938) und Karl Schmidt-Rottluff (1884–1976) gegründet wurde. Gemeinsam entwickelten die Brücke-Mitglieder bis 1913 einen typischen Stil, der bis heute wiedererkennbar ist: spannungsgeladene Bilder und Grafiken mit kontrastreichen Farben und hervorstechenden Konturen.

Mit diesem Plakat wurde für die Brücke-Ausstellung 1910 in Dresden geworben.

Die schlichte und schmucklose Fassade der von Walter Gropius entworfenen Bauhaus-Schule in Dessau wurde zum Vorbild zahlloser Bauten in der ersten Hälfte des 20. Jh.

### DAS „BAUHAUS"

1919 gründete der Architekt Walter Gropius (1883–1969) eine Schule zur Ausbildung von Architekten und bildenden Künstlern. Er nannte es das „Staatliche Bauhaus". Ziel der Bauhaus-Künstler war es, einen neuen, von unnötigen Verzierungen befreiten Stil zu entwickeln. Ein Haus oder ein Gegenstand sollte möglichst funktional und gut verwendbar, aber trotzdem stilvoll gestaltet sein. Aus diesem Gedanken heraus ergab sich, dass solche Arbeit nun nicht mehr als „Kunst" begriffen wurde, sondern als „Design" – eine Idee, die bis heute fortlebt. Wie einflussreich das Bauhaus-Design war, merkt man daran, dass wir es heute als alltäglich empfinden. Zum Zeitpunkt seiner Entstehung war es jedoch ein unerhörter Bruch mit der Tradition.

Der Bauhaus-Architekt Mies van der Rohe entwarf nicht nur Häuser, sondern auch viele Alltagsgegenstände, wie etwa diesen Stuhl.

### ZEITGENÖSSISCHE KUNST

In der zweiten Hälfte des 20. Jh. wurden Künstler experimentell: Joseph Beuys (1921–1986), ein in Krefeld geborener Aktionskünstler, lud einmal Freunde zu einem Abendessen ein. Das schmutzige Geschirr und Essensreste ließ er in Plexiglas einfassen und erklärte die Reste dieses Zusammentreffens für Kunst. Das verstanden viele Menschen nicht – ein Streit entbrannte darüber, was Kunst eigentlich sein soll. Jörg Immendorf (1945–2007), Gerhard Richter (geb. 1932) und Neo Rauch (geb. 1960) sind die erfolgreichsten deutschen Künstler der letzten Jahre. Sie mischen in ihren Stilen neue und alte Einflüsse und lassen sich oft auch von aktuellen Ereignissen inspirieren.

Der Maler und Bildhauer Jörg Immendorf 2004 in seinem Atelier

Joseph Beuys

# Klassische Musik

Aus Deutschland stammen einige der bekanntesten Komponisten klassischer Musik. Sie haben über Jahrhunderte die Musikentwicklung wesentlich mitbeeinflusst. Heute zählt Deutschland mit der beeindruckenden und weltweit einmaligen Anzahl von über 130 professionellen Sinfonieorchestern, in denen rund 10 000 Musiker beschäftigt sind, zu den besonders musikbegeisterten Nationen.

### JUGEND MUSIZIERT
Wettbewerbe wie „Jugend musiziert" fördern junge Talente. Über 20 000 Kinder und Jugendliche bis zum Alter von 20 Jahren nehmen jedes Jahr daran teil. Es gibt verschiedene Kategorien und Altersgruppen, in denen man antreten kann, beispielsweise solche für Solomusiker oder auch für Ensembles aus mehreren Musikern. Manche Weltkarriere hat dort ihren Anfang genommen, z. B. die der Geigerin Anne-Sophie Mutter, die bei „Jugend musiziert" mehrmals erste Preise gewann und heute zu den bekanntesten Solistinnen der Welt gehört.

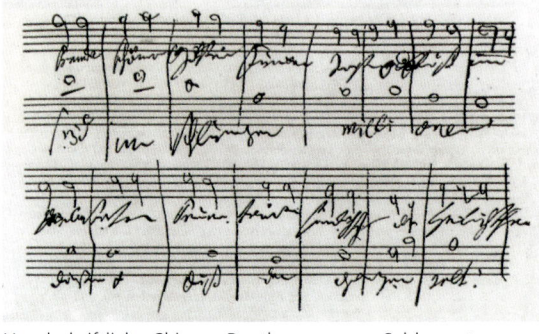

Handschriftliche Skizzen Beethovens zum Schlusssatz seiner neunten Sinfonie

### LUDWIG VAN BEETHOVEN
Ludwig van Beethoven (1770–1827) war das Vorbild für viele Komponisten, die nach ihm kamen. Seine Musik ist heute in Konzertsälen überall auf der Welt zu hören. Besonders populär sind seine Sinfonien, v. a. die fünfte und die neunte, die fast jeder schon einmal gehört hat. Der Schlusssatz aus Beethovens Neunter ist in einer Bearbeitung des österreichischen Dirigenten Herbert von Karajan heute die Hymne der Europäischen Union. Beethoven komponierte das Stück zu dem Text der Ode *An die Freude* des Weimarer Dichters Friedrich Schiller.

Ludwig van Beethoven

### HAUSMUSIK
Nur in der deutschen Sprache gibt es den Begriff „Hausmusik". Er bezeichnet das gemeinsame Musizieren im Kreis der eigenen Familie. Diese Tradition wird, trotz des Aufkommens von Geräten wie Radio, Fernseher und Computer, bis heute in einigen Familien gepflegt, war aber früher noch viel verbreiteter als heute. Denn bevor die Schallplatte um 1900 populär wurde, konnte man Musik nur im Konzert oder in der Kirche genießen – oder man musste sie selbst machen.

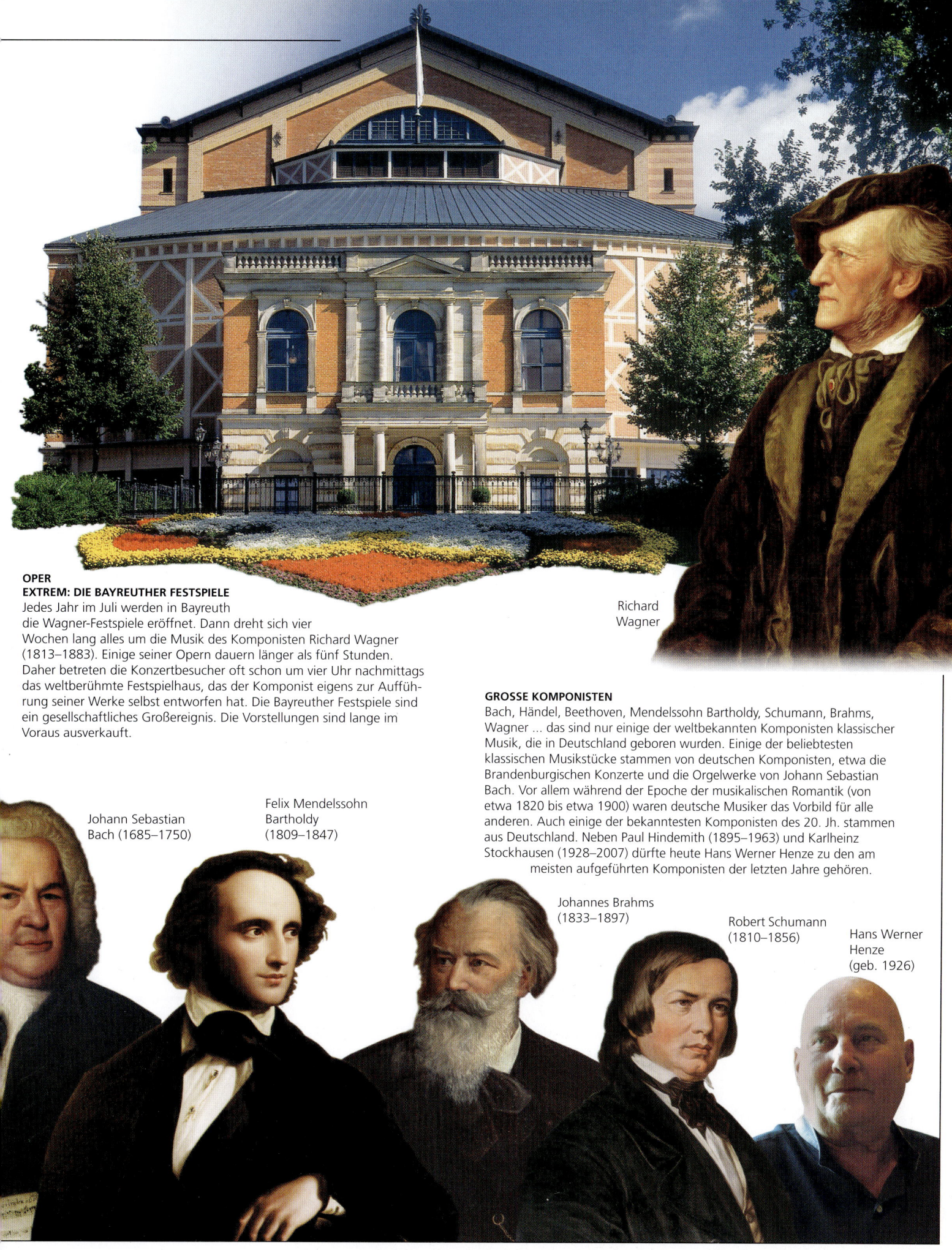

**OPER**
**EXTREM: DIE BAYREUTHER FESTSPIELE**
Jedes Jahr im Juli werden in Bayreuth die Wagner-Festspiele eröffnet. Dann dreht sich vier Wochen lang alles um die Musik des Komponisten Richard Wagner (1813–1883). Einige seiner Opern dauern länger als fünf Stunden. Daher betreten die Konzertbesucher oft schon um vier Uhr nachmittags das weltberühmte Festspielhaus, das der Komponist eigens zur Aufführung seiner Werke selbst entworfen hat. Die Bayreuther Festspiele sind ein gesellschaftliches Großereignis. Die Vorstellungen sind lange im Voraus ausverkauft.

Richard Wagner

**GROSSE KOMPONISTEN**
Bach, Händel, Beethoven, Mendelssohn Bartholdy, Schumann, Brahms, Wagner ... das sind nur einige der weltbekannten Komponisten klassischer Musik, die in Deutschland geboren wurden. Einige der beliebtesten klassischen Musikstücke stammen von deutschen Komponisten, etwa die Brandenburgischen Konzerte und die Orgelwerke von Johann Sebastian Bach. Vor allem während der Epoche der musikalischen Romantik (von etwa 1820 bis etwa 1900) waren deutsche Musiker das Vorbild für alle anderen. Auch einige der bekanntesten Komponisten des 20. Jh. stammen aus Deutschland. Neben Paul Hindemith (1895–1963) und Karlheinz Stockhausen (1928–2007) dürfte heute Hans Werner Henze zu den am meisten aufgeführten Komponisten der letzten Jahre gehören.

Johann Sebastian Bach (1685–1750)

Felix Mendelssohn Bartholdy (1809–1847)

Johannes Brahms (1833–1897)

Robert Schumann (1810–1856)

Hans Werner Henze (geb. 1926)

# Rock und Pop

Deutschland ist nach den USA und Japan der drittwichtigste Absatzmarkt für Popmusik weltweit. Wo man so viel Musik hört, gibt es logischerweise auch viele Bands, die selbst Musik machen. Weil viele deutsche Musiker Texte in ihrer Muttersprache singen, sind sie oft nur im eigenen Land bekannt geworden. Doch einige konnten auch bis auf den Weltmarkt vorstoßen. Die meisten jüngeren Bands der letzten Jahre blieben jedoch häufig beim altbewährten Erfolgsrezept: starke Musik mit deutschen Texten.

Markenzeichen: Schwarzer Hut und starke Texte – Udo Lindenberg ist eine deutsche Rocklegende.

Herbert Grönemeyer spielt in Deutschland in ausverkauften Fußballstadien.

### GESELLSCHAFTSKRITISCHE TEXTE

Immer wieder haben deutsche Popmusiker in kritischen Texten Ereignisse der Geschichte verarbeitet. Udo Lindenberg thematisierte in seinem satirischen Song *Sonderzug nach Pankow* die deutsche Teilung. In der DDR waren Silly, City und Die Puhdys die bekanntesten Bands. Da ihre Texte vom DDR-Regime überwacht wurden, mussten sie Gesellschaftskritik gleichsam „zwischen den Zeilen" vermitteln. Daraus entstanden häufig sprachlich besonders schöne, kunstvolle Liedtexte, die viele Menschen zutiefst bewegten. International bekannt wurde die westdeutsche Sängerin Nena mit ihrem Hit *99 Luftballons*. Der Song, der so munter klingt, ist eigentlich ein Antikriegslied.

Tamara Danz war die stimmgewaltige Sängerin der DDR-Band Silly. Die Gruppe löste sich nach ihrem Tod in den 1990er-Jahren auf, ist jedoch seit 2006 mit Anna Loos als neuer Sängerin wieder unterwegs.

### ERFOLGREICH

Setzt man den Verkaufserfolg als Maßstab an, steht eine Band ganz oben, die in Deutschland selbst nie so populär war wie im Rest der Welt: The Scorpions! Die Hardrocker aus Hannover setzten weltweit über 100 Mio. Platten ab und zählen damit international zu den erfolgreichsten Musikern aller Zeiten. Ihr Song *Wind of Change* wurde 1991 zur Zeit der Wende (S. 36–39) zum weltweit meistgespielten Lied im Radio. Innerhalb Deutschlands hat aber der Rockmusiker Herbert Grönemeyer die meisten Platten verkauft. Alle Alben des Künstlers seit 1984 schafften es auf die Nummer-eins-Position der deutschen Charts. Rund 13 Mio. Schallplatten und CDs hat er bis 2011 verkauft.

Tokio Hotel bei der Verleihung der „MTV European Music Awards"

Die mit über 100 Mio. verkauften Schallplatten und CDs erfolgreichste deutsche Band sind The Scorpions.

Die Rockband Wir sind Helden entwickelte sich von einer Undergroundband zu einem Massenphänomen.

## LIEDERMACHER

Ende der 1960er-Jahre entstand in Deutschland eine Liedermacherszene, die einfache Lieder mit akustischer Gitarrenbegleitung und tiefsinnigen Texte schrieben. Am erfolgreichsten wurde Reinhard Mey, dessen Lied *Über den Wolken* so populär wurde, dass er auch eine englischsprachige Version produzierte. Wolf Biermann hingegen lebte in der DDR, wo seine kritischen Texte dazu führten, dass er nicht mehr auftreten durfte und schließlich sogar „ausgebürgert" und des Landes verwiesen wurde. Für viele ehemalige DDR-Bürger ist Wolf Biermann eine Symbolfigur, der sich trotz massiver Widerstände niemals hat entmutigen lassen.

Wolf Biermann bei einem Livekonzert 1976 in der BRD. In der DDR war er zu diesem Zeitpunkt schon mit einem Auftrittsverbot belegt und wurde bald darauf „ausgebürgert".

## EINE NEUE GENERATION

In den letzten Jahren sind viele junge Bands auf den Plan getreten, die die deutsche Pop- und Rockszene mächtig umgekrempelt haben. Bands wie Wir sind Helden, Silbermond und Juli begeistern mit stimmstarken weiblichen Frontfrauen das ganze Land. Die Gruppe Tokio Hotel hat mit ihrer eingängigen musikalischen Mixtur aus Pop und Rock inzwischen auch ein internationales Publikum erobert und konnte über 6 Mio. CDs verkaufen. Vor allem die weiblichen jungen Fans liegen ihnen zu Füßen.

## HIP-HOP

Parallel zum Techno und unter Einfluss von amerikanischer Rapmusik entwickelte sich in den 1990er-Jahren auch erstmals eine deutsche Hip-Hop-Szene. Auf Deutsch zu rappen war bis dahin undenkbar gewesen. Doch mit witzigen Texten und lockeren Beats wurden Bands wie Die Fantastischen Vier, Samy Deluxe oder Fettes Brot extrem erfolgreich.

Die Fantastischen Vier begründeten in den 1990er-Jahren die deutsche Hip-Hop-Szene und sind bis heute populär.

Mit dem Song *Wir sind die Roboter* gelang Kraftwerk Anfang der 1980er-Jahre der weltweite Durchbruch.

## TECHNO

Zu Beginn der 1990er-Jahre eroberten DJs wie Marusha, Paul van Dyk und Sven Väth die Tanzflächen der Republik. Auf der Loveparade, einem riesigen Partyumzug, tanzten Hunderttausende in schrillen Outfits zu Technomusik. Elektronische Musik gab es bereits in den 1970ern durch Bands wie Kraftwerk. Diese beeinflussten stark die Entwicklung der Technomusik, die erst in den 1990ern richtig populär wurde.

Paul van Dyk zählt zu den international bekannten Techno-DJs aus Deutschland.

# Erfinder und Entdecker

Deutschland ist wahrlich ein Land der Tüftler: In kaum einem Land gibt es jedes Jahr so viele Patentanmeldungen. Einige deutsche Wissenschaftler und Erfinder sind mit ihren Leistungen in die Geschichte eingegangen. Wer kann sich eine Welt ohne Autos oder Bücher vorstellen? Wichtige wissenschaftliche Entdeckungen werden mit dem Nobelpreis ausgezeichnet, den zum Beispiel Wilhelm Conrad Röntgen erhielt. Im 18. und 19. Jahrhundert waren einige Deutsche auch als Entdecker unterwegs, vor allem in Afrika und Amerika, aber auch in Australien.

### DEUTSCHE GEOGRAFEN

Heinrich Barth (1821–1865) war ein bedeutender Afrikaforscher. Er verkleidete sich als Beduine und gelangte so 1853 als erster Europäer Zugang in die für Christen verbotenen Wüstenstadt Timbuktu. Er riskierte damit sein Leben, denn wenn er enttarnt worden wäre, hätte man ihn womöglich umgebracht. Er setzte sich für die Unabhängigkeit der nordafrikanischen Völker ein, stieß damit jedoch bei seinen Kollegen in Deutschland auf wenig Interesse, denn die wollten Afrika als Kolonialgebiet für Deutschland gewinnen. Der Entdecker und Abenteurer Ludwig Leichhardt steuerte viel geografisches Wissen zur Erkundung des unwegsamen Inneren Australiens, des „Outback", bei. Bei einer seiner waghalsigen Expeditionen kam er vermutlich 1848 ums Leben. Genau weiß man das aber nicht, weil sein Leichnam nie gefunden wurde.

Heinrich Barth

Ludwig Leichhardt auf einer Briefmarke der australischen Post

### DIE ERFINDUNG DER SCHALLPLATTE

Bis in die zweite Hälfte des 19. Jh. war Musik nur „live" in Konzertsälen erlebbar. Das änderte 1887 eine Erfindung von Emil Berliner aus Hannover. Er entwickelte eine flache Scheibe aus Zink, auf der man Musik aufzeichnen konnte: die erste Schallplatte. Das dazugehörige Abspielgerät, das Grammofon, erfand er ebenfalls. Doch die Tonqualität war anfangs sehr schlecht. Erst nachdem Berliner seine Erfindungen verbessert hatte, konnte er mit seiner „Deutsche Grammophon-Gesellschaft" viele Schallplatten verkaufen. Ab 1900 waren Schallplatten, jetzt aus Schellack statt Zink, sehr beliebt.

### GROSSE MUSIK AUS KLEINEN MASCHINEN

Mit der Verbreitung von Computern kam um 1995 der Wunsch auf, Musik statt nur auf CDs platzsparend auch auf Computerfestplatten speichern zu können. Der Physiker Karlheinz Brandenburg und sein Team entwickelten am Fraunhofer-Institut für elektronische Medientechnologie in Ilmenau zusammen mit europäischen und amerikanischen Kollegen das MP3-Dateiformat. Es ist heute der Standard bei der Musikwiedergabe. Dadurch wurden kleine, tragbare Abspielgeräte, die MP3-Player, technisch erst möglich und verbreiteten sich schnell über die ganze Welt.

### DIE „DOPPELTE" ERFINDUNG DES AUTOMOBILS

1886 brachten zwei Erfinder, die nur wenige Kilometer voneinander entfernt arbeiteten, die Welt in Bewegung: Karl Benz (1844–1929) aus Mannheim nannte seine dreirädrige Entwicklung „Motorwagen", während Gottlieb Daimler (1834–1900) sein in Cannstatt bei Stuttgart entwickeltes Gefährt mit vier Rädern als „Motorkutsche" bezeichnete. Aus heutiger Sicht hatten die beiden damit unabhängig voneinander die ersten Autos gebaut.

Das neue Verfahren des Buchdrucks ermöglichte weiten Teilen der Bevölkerung den Kauf von Büchern. Das war eine wichtige Grundlage zur Förderung der Kenntnisse von Lesen und Schreiben.

### DER MODERNE BUCHDRUCK

Im frühen Mittelalter gab es Bücher nur in Klöstern oder großen Bibliotheken. Sie wurden vervielfältigt, indem man sie abschrieb oder die gesamte Seite in eine Holztafel schnitzte und dann mehrmals druckte. Johannes Gutenberg (um 1400–1468) aus Mainz erfand im 15. Jh. den Buchdruck mit beweglichen Lettern: Er hatte die Idee, die Holztafeln in einzelne Buchstaben zu zerlegen, und entwickelte eine Methode, die Buchstaben rasch und einfach aus Metall herzustellen. Diese „beweglichen Lettern" konnte man dann immer wieder zu anderen Wörtern zusammensetzen. Gedruckt wurden die Buchseiten in einer Druckerpresse, die Gutenberg aus einer Traubenpresse entwickelt hatte. Das neue Verfahren machte es möglich, Bücher schnell und kostengünstig in hohen Stückzahlen zu verbreiten.

## DAS UNIVERSALGENIE

Alexander von Humboldt (1769–1859) war einer der bedeutendsten Naturforscher des 18. und 19. Jh. und gilt als Mitbegründer der Geografie. Seine abenteuerlichen Reisen führten ihn u.a. nach Amerika und Russland. Dabei erwies er sich als Universalgenie, weil er sich mit so vielen verschiedenen Themen beschäftigte: Er vermaß Berge, beschrieb Tausende Tier- und Pflanzenarten, entdeckte den magnetischen Äquator und bereicherte viele Wissenschaften mit seinen Forschungsergebnissen. In Südamerika kennt ihn jedes Kind. Nach ihm sind sogar Tiere benannt, z.B. die Humboldt-Pinguine. Schon zu Lebzeiten wurde er als „zweiter Kolumbus" und „größter reisender Wissenschaftler, der je gelebt hat" tituliert.

Humboldt mit seinem französischen Reisegefährten Aimé Bonpland bei einem Forschungsaufenthalt in Venezuela

Karl Benz' Motorwagen

## BLICK IN DEN KÖRPER

Bis zum Ende des 19. Jh. konnten sich Ärzte bei der Diagnose von Knochenbrüchen oder Lungenerkrankungen nur auf ihre Erfahrung und Untersuchungen wie Abtasten oder Abhören stützen. Dann entdeckte Wilhelm Conrad Röntgen (1845–1923) die nach ihm benannte Röntgenstrahlung, die etwas Unglaubliches ermöglichte: Man konnte nun den Körper des Patienten „durchleuchten" und genau sehen, an welcher Stelle ein Knochen gebrochen oder welche Teile der Lunge krank waren. Dies revolutionierte die Medizin. Röntgen erhielt dafür 1901 als Erster einen Nobelpreis für Physik.

*Wilhelm Conrad Röntgen*

*Hier ist das Bein gebrochen.*

*Röntgenaufnahme eines Hundebeins*

*Kinder erkrankten im 19. Jh. häufig an Tuberkulose, einer gefährlichen Lungenkrankheit. Dieser junge Patient wird daraufhin untersucht.*

*Noch wusste niemand, dass Röntgenstrahlen auch gefährlich sein können. Keine Person auf dem Bild trägt Schutzkleidung, was heute selbstverständlich ist.*

# Sport

Deutschland ist Fußballnation! Wo immer man länger mit Menschen ins Gespräch kommt, wird irgendwann bestimmt einmal das Thema Fußball angesprochen. Die deutsche Fußballnationalmannschaft der Männer konnte bereits dreimal den Weltmeistertitel erringen, die Frauenfußballerinnen immerhin zweimal. Doch Sport ist in Deutschland sehr vielfältig: Es gibt z. B. eine lange und erfolgreiche Leichtathletiktradition und auch die deutschen Wintersportler erzielen oft große Erfolge.

### VOM WUNDER VON BERN BIS ZUM SOMMERMÄRCHEN

1954 gewann die deutsche Fußballnationalmannschaft überraschend das Endspiel der Weltmeisterschaft im schweizerischen Bern. Ganz Deutschland sprach begeistert vom Wunder von Bern. Natürlich träumt jeder Fußballprofi seither davon, selbst einmal so ein großes Turnier zu gewinnen. 1974 und 1990 schaffte es die Männer-Nationalmannschaft erneut, den Weltmeistertitel zu erlangen. 2006 fand die WM in Deutschland statt, bei herrlichem Sommerwetter und ausgelassener Stimmung unter den Fans. Die deutsche Mannschaft erreichte nach spannenden Spielen einen tollen dritten Platz. Seitdem wird diese WM als das Sommermärchen tituliert.

### DDR-SPORT

Als Deutschland noch geteilt war, gehörten die Sportler der DDR in der Leichtathletik, im Schwimmen und in einigen Wintersportdisziplinen zu den besten der Welt. Das lag u. a. daran, dass die DDR riesige Geldsummen in die Förderung des Sports investierte. Die Sportler sollten mit ihren Erfolgen gleichzeitig auch Staat und Gesellschaft der DDR in ein gutes Licht setzen. Weltweit bekannt und beliebt war damals die Eiskunstläuferin Katharina Witt. Sie begeisterte ihr Publikum in den 1980er-Jahren mit sportlichen Höchstleistungen und einer künstlerischen Darstellung.

Bei der Fußball-WM 2006 versammelten sich Tausende von Fans auf öffentlichen Plätzen, um gemeinsam die Spiele zu verfolgen.

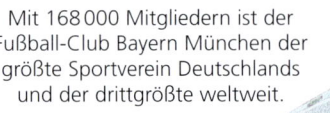

Mit 168 000 Mitgliedern ist der Fußball-Club Bayern München der größte Sportverein Deutschlands und der drittgrößte weltweit.

### VEREINSSPORT

Rund 9,5 Mio. Kinder und Jugendliche treiben in Deutschland Sport im Verein. Sport ist in Deutschland traditionell in Vereinen organisiert. Ob Fußball, Eishockey, Leichtathletik oder Schwimmen – bei diesem breiten Angebot findet sich für jeden etwas. Doch ohne die vielen ehrenamtlichen Helfer, die in ihrer Freizeit Mannschaften trainieren oder Vereinsfeste organisieren, wäre dieses große Angebot nicht möglich.

Steffi Graf und Boris Becker

Sebastian Vettel und Michael Schumacher

## SPORTSTARS

Der wohl international bekannteste deutsche Fußballer ist Franz Beckenbauer. Er wird „der Kaiser" genannt, weil er gleich zweimal den Weltmeistertitel nach Deutschland holte: 1974 als Spieler und 1990 als Trainer. Steffi Graf und Boris Becker gingen als Tennisspieler in die deutsche Sportgeschichte ein: Graf gewann als bisher einzige Spielerin alle Grand-Slam-Turniere und die Olympischen Spiele in einem Jahr – Becker ist bis heute jüngster Wimbledon Sieger. Die Schwimmerin Franziska van Almsick, zunächst für die DDR startend, knackte mehrere Schwimm-Weltrekorde. Die Formel 1 ist in Deutschland spätestens seit den Erfolgen von Michael Schumacher beliebt. Er gewann sieben Weltmeistertitel. Sein Kollege Sebastian Vettel wurde 2010 und 2011 zweimal nacheinander Weltmeister.

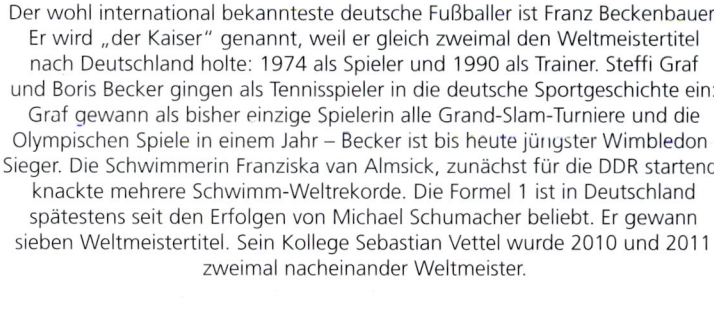

Franz Beckenbauer

Franziska van Almsick

Dirk Nowitzki gehört zu den Stars der amerikanischen Basketball-Liga NBA.

Reitsport ist in Deutschland sehr beliebt.

*Springreiter Christian Ahlmann auf seinem Pferd Taloubet Z*

## NICHT IMMER NUR FUSSBALL ...

Nach Fußball ist Handball die beliebteste Sportart in Deutschland. Die deutsche Handballnationalmannschaft zählt mit acht Weltmeistertiteln weltweit zu den erfolgreichsten. Im Wintersport konnten deutsche Einzelathleten große Erfolge feiern, besonders beim Skispringen und im Biathlon. Die Skisportlerin Maria Riesch konnte 2010 ebenfalls zwei Olympiasiege verbuchen und war 2009 Weltmeisterin im Slalom.

Magdalena Neuner ist die erfolgreichste deutsche Biathletin aller Zeiten.

# Chronik

Deutschland als Land in der Mitte Europas war schon früh besiedelt. Fruchtbare Böden und eine für den Handel günstige Lage zwischen Nord-/Ostseeraum und Alpen machten es zu einem strategisch wichtigen Gebiet. Aus diesen Gründen ist die Geschichte Deutschlands sehr wechselvoll gewesen: Andauernd stritten verschiedene Völker um die Vormachtstellung in der Region. Diese Periode der Unruhe und der Kriege dauerte bis in die jüngste Zeit an. Erst mit dem Ende des Zweiten Weltkriegs kehrte etwas mehr „Ruhe" in der deutschen Geschichte ein.

**vor 700 000 Jahren**
Die ersten Frühmenschen siedeln auf dem Gebiet des heutigen Deutschland: Homo heidelbergensis und Homo neanderthalensis.

**um 4000 v. Chr.**
Germanische Stämme beginnen, sich dauerhaft anzusiedeln.

**50 v. Chr.**
Die Römer erobern Teile West- und Südwestdeutschlands.

**9 n. Chr.**
Die Varusschlacht verhindert die weitere Expansion der römischen Besatzung nach Norden und Osten.

**1.–3. Jh. n. Chr.**
Die Römer errichten den Limes, einen Grenzwall, mit dem sie sich vor den umgebenden barbarischen Stämmen schützen wollen.

Rekonstruktion eines römischen Wachturms entlang des Limes

**ab 375**
Die Hunnen, ein osteuropäisches Reitervolk, fallen über germanische Stämme her. Es ist der Beginn der Völkerwanderung, die letztendlich das Ende des römischen Imperiums einläutet.

**768–814**
Zeit Karls des Großen. Der Frankenkönig verbündet sich mit dem Papst und lässt sich im Jahr 800 in Rom zum Kaiser krönen. Weil er sich als Nachfolger der antiken römischen Kaiser versteht, nennt er sein Herrschaftsgebiet „Heiliges Römisches Reich".

**951–973**
Zeit Ottos des Großen. 955 besiegt Langobardenkönig Otto die Ungarn bei der Schlacht auf dem Lechfeld und leitet anschließend als Kaiser eine Einigung des zuvor wieder zerfallenen Reichs ein. Die Schlacht auf dem Lechfeld gilt als Geburtsstunde der deutschen Nation.

**1138–1268**
Die Adelsfamilie der Staufer regiert das Heilige Römische Reich. Friedrich I. (Barbarossa) eint das Reich trotz zahlreicher Widerstände

**1434–1495**
Zeit der Reichsreform. Auf Reichstagen treffen sich die Machthabenden, um zu beraten, wie das Reich als einheitlicher Staat regiert werden könnte. Alle Versuche scheitern. Es bleibt bei vielen kleinen, von Fürsten, Grafen und Erzbischöfen regierten Gebieten. Ab jetzt spricht man vom „Heiligen Römischen Reich Deutscher Nation".

**1438–1806**
Das Herrschergeschlecht der Habsburger stellt fast ununterbrochen die Kaiser im Heiligen Römischen Reich.

**1517**
Martin Luther schlägt seine Thesen ans Tor der Kirche von Wittenberg an. Es ist der Beginn der Reformation.

**1524–1525**
Bauernkriege.

**1618–1648**
Dreißigjähriger Krieg. Endete 1648 mit dem „Westfälischen Frieden" und hinterließ einen unüberschaubaren „Flickenteppich" aus kleinen und kleinsten Regierungsbezirken auf deutschem Boden.

Blick über die Weinterrassen auf Schloss Sanssouci, die Sommerresidenz von Friedrich II. in Potsdam

**1740–1786**
Zeit Friedrichs II. („der Große"). Friedrich entwickelt den rückständigen Militärstaat Preußen, zu dem modernsten, fortschrittlichsten und mächtigsten Staat des Reichs. Er fördert zudem Wissenschaft und Kunst und begründet damit auch die kulturelle Vormachtstellung Preußens in Mitteleuropa und Deutschland bis zur Gründung des Deutschen Reichs im Jahr 1870.

**1756–1763**
Siebenjähriger Krieg: Alle Großmächte Mitteleuropas sind in einen Krieg verwickelt, der erstmals auch auf Gebiete außerhalb des Kontinents übergreift (z. B. Karibik, Nordamerika und Indien). Erneut wird ganz Deutschland von durchziehenden Truppen vieler Nationen verwüstet.

Völkerschlachtdenkmal bei Leipzig

**1806**
Ende des Heiligen Römischen Reichs: Nach der Niederlage gegen Napoleon Bonaparte legt der Habsburger Kaiser Franz II. die Krone nieder. Preußen unterliegt Napoleon bei Jena.

**1813**
Die deutschen Staaten kämpfen in den „Befreiungskriegen" gegen Napoleon. Bei der sogenannten Völkerschlacht 1813 bei Leipzig wird er besiegt.

**1814–1815**
Wiener Kongress. Nach der Niederschlagung Napoleons wird halb Europa neu geordnet. Deutschland bleibt ein Gebiet vieler Kleinstaaten und ist mit Österreich im „Deutschen Bund" zusammengefasst.

**1832**
„Hambacher Fest": Auftakt zu einer Zeit vieler Aufstände, die in der Märzrevolution gipfeln.

**1848**
Märzrevolution.

**1861–1888**
Zeit König Wilhelms I. von Preußen mit Fürst Bismarck als Ministerpräsidenten (ab 1862), Bundeskanzler und später Reichskanzler.

**1867**
Gründung des Norddeutschen Bunds, dem Vorgängerbündnis des Deutschen Kaiserreichs.

**1871**
Gründung des Deutschen Kaiserreichs, dem ersten einheitlichen deutschen Staat. König Wilhelm wird zum Kaiser ernannt.

**1871–1918**
Das Deutsche Kaiserreich erobert bzw. erwirbt Kolonien in Afrika, in der Südsee sowie China. Die Verwaltung führt ein hartes Regiment, zahlreiche Aufstände werden brutal niedergeschlagen. Die Kolonialzeit endet mit dem von Deutschland verlorenen Ersten Weltkrieg.

**1888–1918**
Zeit Kaiser Wilhelms II. Er betreibt eine rigide Rüstungspolitik, entlässt 1890 Bismarck und führt Deutschland in den Ersten Weltkrieg.

**1914–1918**
Erster Weltkrieg.

**1918–1933**
Weimarer Republik. Beginn einer hoffnungsvollen demokratischen Regierung, die sich jedoch als instabil erweist. Durch Weltwirtschaftskrisen in der Zeit nach dem Weltkrieg gewinnen extreme politische Kräfte wie die Nationalsozialisten an Einfluss. Aber es ist auch eine Zeit rapider technischer Entwicklungen und kultureller Umwälzungen: Neue Medien wie Radio und Film entwickeln sich.

**1919**
Einführung des Frauenwahlrechts in Deutschland.

**1933–1945**
„Drittes Reich": Zeit des Nationalsozialismus mit Adolf Hitler als Diktator.

**1939–1945**
Deutschland eröffnet den Zweiten Weltkrieg, in dessen Verlauf Millionen Soldaten und Zivilisten getötet werden. Die Nationalsozialisten töten in dieser Zeit mindestens 6 Mio. Juden in Vernichtungslagern und auch während des Vorrückens der Armee nach Osten.

**1945**
Deutschland wird in vier Besatzungszonen aufgeteilt. Berlin erhält einen Sonderstatus und wird als Stadt ebenfalls in vier Sektoren eingeteilt.

**1948**
Blockade Westberlins.

**23. Mai 1949**
Gründung der demokratisch-westlichen Bundesrepublik Deutschland (BRD).

**7. Oktober 1949**
Gründung der sozialistischen, von der Sowjetunion abhängigen Deutschen Demokratischen Republik.

**1950–etwa 1965**
Zeit des „Wirtschaftswunders" in der BRD. Weil es nicht genug Arbeitskräfte im Land gibt, werden ab 1960 „Gastarbeiter" angeworben.

Italienische Gastarbeiter treffen in Wolfsburg ein (1962).

**1953**
Volksaufstand vom 17. Juni in der DDR.

**1968**
Die „68er"-Bewegung entsteht in Westdeutschland: Studentenunruhen in den Universitätsstädten der BRD.

**1970**
Gründung der linksradikalen Terrororganisation „Rote Armee Fraktion" (RAF), die die BRD bis 1998 mit Terroranschlägen und Attentaten heimsucht.

Euro-Münzen und -Geldscheine

**1972**
Olympische Spiele in München. Die Veranstaltung wird überschattet von einer Geiselnahme und einem Attentat im olympischen Dorf durch die palästinensische Terrororganisation „Schwarzer September".

**1973**
Plötzliche Verteuerung der Rohölpreise führt zur sogenannten Ölkrise. Infolgedessen: vier autofreie Sonntage.

**1989**
Die DDR öffnet ihre Grenzen infolge der Montagsdemonstrationen.

**1990**
Deutsche Wiedervereinigung.

**2002**
Einführung der europäischen Gemeinschaftswährung Euro als Bargeld in Deutschland. Schon vorher, im Jahr 1999, war der Euro im Rahmen des internationalen Überweisungsverkehrs eingeführt worden. Doch erst 2002 gibt es Euro-Münzen und -Geldscheine.

**2003–2005**
Umsetzung des Regierungsprogramms „Agenda 2010", das Deutschland bessere Wettbewerbsbedingungen in der Europäischen Union und weltweit verschaffen soll. Das Programm führt zur Kürzung vieler Sozialleistungen und zur Erhöhung des Renteneintrittsalters. Beides führt zu viel Kritik in der Bevölkerung, zeigt aber auch messbare wirtschaftliche Erfolge.

**2003–2008**
Deutschlands Wirtschaft ist die exportstärkste der Welt. Deutschland ist „Exportweltmeister".

**seit 2008**
Weltweite Wirtschaftskrise trifft Deutschland, v. a. aber die Staaten Europas.

# Berühmte Deutsche

Ob als Dichter, Künstler, Politiker, Unternehmer, Wissenschaftler, Erfinder oder Entdecker – Deutsche haben sich in den verschiedensten Bereichen und Epochen hervorgetan. Man kann sie gar nicht alle aufzählen, doch einige, die bisher noch nicht genannt wurden, sollen hier gewürdigt werden.

**HERBIG, MICHAEL „BULLY"  (geb. 1968)**
Comedian, der mit der Comedyshow *Bullyparade* Ende der 1990er-Jahre bekannt wurde. Der Kinofilm *Der Schuh des Manitu* wurde zum kommerziell erfolgreichsten deutschsprachigen Film aller Zeiten. Weitere Filme sind z. B. *(T)Raumschiff Surprise* oder *Wickie und die starken Männer*.

Michael Herbig

**BREHM, ALFRED (1829–1884)**
Der Naturforscher und Zoologe wurde mit dem Tierlexikon *Brehms Tierleben* weltbekannt. Darin beschreibt er die Tiere nicht nur wissenschaftlich sondern auch ihr Verhalten.

Loriot mit zwei seiner Trickfilmfiguren

**BÜLOW, VICCO VON („LORIOT") (1923–2011)**
Als Schriftsteller, Karikaturist, Schauspieler und Regisseur beschäftigte sich Loriot mit komischen alltäglichen Situationen, die er so übertrieben witzig darstellte, dass die ganze Nation darüber lachen konnte. Auch seine Trickfilmfiguren „Wum und Wendelin" oder „Herr Dr. Kloebner" und „Herr Müller-Lüdenscheid" wurden sehr populär.

**BUSCH, WILHELM (1832–1908)**
Wilhelm Busch war ein humoristischer Dichter und Zeichner. Er schrieb lustige Gedichte und Geschichten, die er selbst bebilderte, u. a. die Bildergeschichte von Max und Moritz.

Max und Moritz

**DROSTE-HÜLSHOFF, ANNETTE VON (1797–1848)**
Die Schriftstellerin stammt aus einer westfälischen Adelsfamilie. Obwohl es zu ihrer Zeit als Frau unüblich war, veröffentlichte sie Gedichte und gilt heute als bedeutendste deutsche Dichterin des 19. Jh. Sehr bekannt wurde die spannende Ballade *Der Knabe im Moor* und die Novelle *Die Judenbuche*.

Albert Einstein

**EINSTEIN, ALBERT (1879–1955)**
Mit der Relativitätstheorie krempelte der Physiker Albert Einstein 1905 das naturwissenschaftliche Weltbild um. Er wurde durch seine Forschungen zu den Themen Raum, Zeit, Schwerkraft und Licht zum vielleicht bedeutendsten Physiker aller Zeiten. Fast alle jüngeren physikalischen Entwicklungen fußen auf Einsteins Theorien.

**FRIEDRICH II. („DER GROSSE") (1712–1786)**
König von Preußen, der sein Königreich vom rückständigen Militärstaat zu einer Großmacht von gesamteuropäischer Bedeutung entwickelte, in der Religionsfreiheit herrschte. Unter seiner Herrschaft erblühten Kunst und Kultur und die Ideen der Aufklärung fanden Verbreitung. Der König selbst war ein hervorragender Flötist. Spätestens nach dem Sieg Preußens im „Siebenjährigen Krieg" (1756–1763) wurde er ehrfurchtsvoll „der Große" genannt.

Friedrich der Große

**FUGGER, JAKOB (1459–1525)**
Die Fugger waren eine mächtige Kaufmannsfamilie im Mittelalter. Jakob Fugger war zu seiner Zeit der wichtigste Unternehmer und Bankier in Europa und hatte ein riesiges Vermögen. Nicht umsonst hatte er den Beinamen „der Reiche". Er handelte mit Baumwolle und Kupfer, lieh Kirche und Königen Geld und gründete die Fuggerei, eine Wohnsiedlung für Arme.

**GAUSS, CARL FRIEDRICH (1777–1855)**
Erfolge feierte der Mathematiker bei der Landvermessung, die er durch Erfindung neuer Geräte und neuer Berechnungsgrundlagen zu vorher nicht gekannter Genauigkeit führte. Ein Porträt des Forschers zierte viele Jahre den 10-DM-Geldschein.

**HÄNDEL, GEORG FRIEDRICH (1685–1759)**
Einer der wichtigsten Komponisten der Barockzeit, der viel reiste und zum englischen Hofkomponisten aufstieg. Bis heute sind viele Briten überrascht zu hören, dass Händel (der in Großbritannien George Frideric Handel geschrieben wird) Deutscher war.

**HILDEGARD VON BINGEN (1098–1179)**
Nonne im Mittelalter. Als erste Nonne predigte sie öffentlich auf Marktplätzen und wurde sogar Äbtissin (Leiterin eines Klosters). Sie komponierte aber auch Kirchengesänge und schrieb Bücher über Heilkunde – manch ein Rezept von ihr wird heute noch verwendet.

**JAHN, FRIEDRICH LUDWIG (1778–1852)**
Gründete die Turnbewegung und ist als „Turnvater Jahn" bekannt. 1811 eröffnete Jahn den ersten öffentlichen Sportplatz.

**JÄHN, SIGMUND (geb. 1937)**
Erster Deutscher im Weltraum. 1978 startete Jähn als Angehöriger einer sowjetischen Weltraummission zur russischen Raumstation Saljut, wo er sieben Tage blieb und 125-mal um die Erde kreiste. Die DDR feierte Jähns Reise ins All – denn von der BRD war vorher noch nie ein Astronaut ins Weltall geflogen.

**KANT, IMMANUEL (1724–1804)**
Niemand soll anderen Menschen etwas antun, was er selbst nicht erleiden möchte: Das ist ein berühmter Grundsatz des Philosophen Kant. Er fragte sich auch, was unsere Vernunft kann und was Erfahrungen sind. Mit seinen Ideen begründete er die Epoche der Aufklärung: Mit ihm begann die moderne Philosophie.

**KÄSTNER, ERICH (1899–1974)**
Schriftsteller, der so spannende Bücher wie *Emil und die Detektive*, *Das doppelte Lottchen* oder *Das fliegende Klassenzimmer* schrieb. Doch er verfasste auch satirische und gesellschaftskritische Romane und Gedichte.

Cover des Kästner-Buchs *Emil und die Detektive*

**KEPLER, JOHANNES (1571–1630)**
Einerseits war Kepler Naturwissenschaftler – Astronom, Mathematiker und Optiker, andererseits aber auch Theologe, Philosoph und Astrologe. Er entwickelte ein neuartiges Fernrohr, mit dem bessere Sternbeobachtungen möglich waren als je zuvor, und berechnete mehrere Umlaufbahnen von Planeten um die Sonne.

**KOCH, ROBERT (1843–1910)**
Dem Mediziner gelang es, Bakterien mit Farbstoffen sichtbar zu machen, und er entdeckte die Erreger von Krankheiten wie Tuberkulose und Cholera. Dafür erhielt er 1905 den Nobelpreis für Medizin.

Otto Lilienthal mit einem seiner Fluggeräte: einem mit Leinwand überzogenen Holzgestell

**LILIENTHAL, OTTO (1848–1896)**
Der deutsche Luftfahrtpionier wollte den Menschheitstraum vom Fliegen verwirklichen und untersuchte daher intensiv den Flug von Vögeln, bevor er seine ersten Fluggeräte baute. Ihm gelangen die ersten Gleitflüge. Seine Arbeit inspirierte die Brüder Wright das erste Flugzeug zu bauen.

**MÄRKLIN, THEODOR FRIEDRICH WILHELM (1817–1866)**
Der Unternehmer Märklin gründete 1859 eine Spielzeugfirma, wo er Spielsachen wie Puppenhäuser herstellte, die seine tüchtige Frau Caroline in ganz Europa verkaufte. Doch erst mit seinen Modelleisenbahnen wurde das Unternehmen weltweit bekannt und erfolgreich.

Märklin-Lokomotive aus dem Jahr 1902

**MARX, KARL (1818–1883)**
Philosoph, der (mit Friedrich Engels) als Mitbegründer des Kommunismus gilt. Die Idee des Kommunismus ist, dass es kein Privateigentum geben soll, sondern alle Güter allen Menschen zu gleichen Teilen zur Verfügung stehen sollten. Revolutionäre wie der Russe Lenin, der Chinese Mao oder der Kubaner Castro griffen Marx' Theorien auf und entwickelten sie weiter.

**MÜLLER, GERD (geb. 1945)**
Der Fußballspieler, auch „Bomber der Nation" genannt, hält viele Rekorde. Er schoss die meisten Tore für die Fußballnationalmannschaft und gilt als bester Stürmer aller Zeiten.

**NIETZSCHE, FRIEDRICH (1844–1900)**
Philosoph, der wertvolle Denkanstöße lieferte, die Menschen dazu aufforderten, übertriebene Moralvorstellungen oder Autorität infrage zu stellen, um zu einer eigenen Weltsicht zu gelangen. Erst nach seinem Tod fanden seine Gedanken weltweit Anerkennung.

**PREUSSLER, OTFRIED (geb. 1923)**
Schriftsteller, der bekannte Bücher wie *Die kleine Hexe*, *Krabat*, *Der Räuber Hotzenplotz* oder *Das kleine Gespenst* schrieb. Er zählt zu den besten und beliebtesten Kinderbuchautoren Europas.

**RATZINGER, JOSEPH (PAPST BENEDIKT XVI.) (geb. 1927)**
Seit knapp 500 Jahren der erste Deutsche, der das Papstamt ausüben darf. Er war ein enger Vertrauter des Papstes Johannes Paul II. 2005 wurde Kardinal Ratzinger selbst zum Papst gewählt und nannte sich Benedikt XVI. Als kirchliches Oberhaupt tritt er für den Erhalt der katholischen Glaubenswerte ein.

**SCHLIEMANN, HEINRICH (1822–1890)**
Er ging als Archäologe in die Geschichte ein, der die Ruinen des antiken Troja und den „Schatz des Priamos" fand. Bedeutende Ausgrabungen machte Schliemann auch in Mykene.

**SCHMELING, MAX (1905–2005)**
Der Boxer war von 1930–1932 Weltmeister im Schwergewicht. Er war einer der bekanntesten und beliebtesten Sportler Deutschlands. Ein Boxfilm weckte sein Interesse für den Boxsport.

**SCHUMANN, CLARA (1819–1896)**
Sie war eine hervorragende Pianistin, die aber auch als Komponistin berühmt wurde. Ihr Vater war Theologe und sehr musikinteressiert. Er wollte seine Tochter als Pianistin bekannt machen und sorgte auch dafür, dass sie Kompositionsunterricht bekam – das war für Mädchen damals sehr selten. Schon im Alter von 10 Jahren gab sie ihr erstes Konzert. Später heiratete sie den Komponisten Robert Schumann.

**SCHWEITZER, ALBERT (1875–1965)**
Der Arzt, Theologe, Philosoph und Organist gründete im ostafrikanischen Gabun ein Krankenhaus. Seine Ehrfurcht vor allem Leben und sein Einsatz für Frieden und Nächstenliebe machten ihn berühmt – und zum Friedensnobelpreisträger.

**SIEMENS, WERNER VON (1816–1892)**
Obwohl Werner von Siemens nie ein geregeltes Studium absolvierte, entpuppte er sich als Genie der Elektrotechnik. In Verbindung mit großem kaufmännischen Geschick baute er eine der wichtigsten Elektronikfirmen Deutschlands auf, die heute zu den weltgrößten Unternehmen überhaupt zählt.

**STORM, THEODOR (1817–1888)**
Norddeutscher Schriftsteller, der Märchen wie *Der kleine Häwelmann* und auch bedeutende Novellen wie *Der Schimmelreiter* geschrieben hat. Storm war Jurist und schrieb nur während seiner Freizeit.

**STÖRTEBEKER, KLAUS (1360–1401)**
Seeräuber und Anführer der Vitalienbrüder, der im Mittelalter in Nord- und Ostsee sein Unwesen trieb und von der Hanse gejagt wurde. Um sein Leben ranken sich viele Legenden.

**STRAUSS, LEVI (1829–1902)**
Löb Strauß (in Amerika: Levi Strauss) wanderte im 19. Jh. nach Amerika aus. Unter den Goldgräbern in der Region um San Francisco war robuste Kleidung gefragt, und so entwickelte Strauss die Jeans! Bald war sie überall bekannt als „Levi's Hose". Später wurde daraus der Markenname „Levis".

**WOLF, CHRISTA (1929–2011)**
Schriftstellerin, die ihre Laufbahn in der DDR begann, wo sie aktiv als Politikerin die Regierungspartei SED unterstützte. Sie lehnte sich aber auch immer wieder gegen Ungerechtigkeiten auf, die in der DDR begangen wurden. In ihrem Roman *Der geteilte Himmel* geht es um ein Liebespaar und die Probleme der deutschen Teilung.

**ZEPPELIN, FERDINAND GRAF VON (1838–1917)**
Ab 1908 gehörten die von Ferdinand von Zeppelin entwickelten Zeppeline (auch „Luftschiffe" genannt) zum festen Bestand aller Luftfahrtgesellschaften. Im Ersten Weltkrieg waren sie eine wichtige Waffe und wurden als Bomber eingesetzt. Mit der Katastrophe der *Hindenburg* fand die Blüte der Luftschifffahrt ein Ende. Heute sind Zeppeline nur noch als Werbeträger oder Touristenattraktion im Einsatz.

**ZETKIN, CLARA (1857–1933)**
Sozialistische Politikerin, die besonders für ihr Engagement für die Frauenrechte bekannt wurde: Frauen sollten auch an politischen Wahlen teilnehmen und alle Berufe ausüben dürfen, die bis dahin nur Männern offenstanden.

**ZUSE, KONRAD (1910–1995)**
Der Tüftler und Erfinder baute mit dem Z3 den ersten automatischen und programmierbaren Rechner der Welt und entwickelte somit den Computer. Der Z3 war so groß wie zwei Telefonzellen und gilt als Vorläufer des modernen Computers.

# Gut zu wissen

## Bundeskanzler

Konrad Adenauer (CDU) im Amt: 1949–1963
Ludwig Erhard (CDU), im Amt: 1963–1966
Kurt Georg Kiesinger (CDU), im Amt: 1966–1969
Willy Brandt (SPD), im Amt: 1969–1974
Helmut Schmidt (SPD), im Amt: 1974–1982
Helmut Kohl (CDU), im Amt: 1982–1998
Gerhard Schröder (SPD), im Amt: 1998–2005
Angela Merkel (CDU), im Amt: seit 2005

## Bundespräsidenten

Theodor Heuss (FDP), im Amt: 1949–1959
Heinrich Lübke (CDU), im Amt: 1959–1969
Gustav Heinemann (SPD), im Amt: 1969–1974
Walter Scheel (FDP), im Amt: 1974–1979
Karl Carstens (CDU), im Amt: 1979–1984
Richard v. Weizsäcker (CDU), im Amt: 1984–1994
Roman Herzog (CDU), im Amt: 1994–1999
Johannes Rau (SPD), im Amt: 1999–2004
Horst Köhler (CDU), im Amt: 2004–2010
Christian Wulff (CDU), im Amt: 2010–2012
Joachim Gauck (parteilos), im Amt: seit 2012

## Bundesländer

| Bundesland | Fläche (in km²) | Einwohner (in Mio.) | Hauptstadt |
|---|---|---|---|
| Baden-Württemberg | 35 752 | 10,7 | Stuttgart |
| Bayern | 70 549 | 12,4 | München |
| Berlin | 892 | 3,4 | Berlin |
| Brandenburg | 29 477 | 2,6 | Potsdam |
| Bremen | 404 | 0,7 | Bremen |
| Hamburg | 755 | 1,7 | Hamburg |
| Hessen | 21 115 | 6,1 | Wiesbaden |
| Mecklenburg-Vorpommern | 23 174 | 1,7 | Schwerin |
| Niedersachsen | 47 618 | 7,9 | Hannover |
| Nordrhein-Westfalen | 34 084 | 18,1 | Düsseldorf |
| Rheinland-Pfalz | 19 847 | 4,0 | Mainz |
| Saarland | 2569 | 1,1 | Saarbrücken |
| Sachsen | 18 414 | 4,3 | Dresden |
| Sachsen-Anhalt | 20 445 | 2,5 | Magdeburg |
| Schleswig-Holstein | 15 763 | 2,8 | Kiel |
| Thüringen | 16 172 | 2,4 | Erfurt |

## Interessante Fakten

Zwei Ortschaften streiten darum, wer den schiefsten Turm Deutschlands hat. Der Kirchturm von Bad Frankenhausen in Thüringen steht auf weichem Untergrund und ist daher um 4,76° geneigt. Der Kirchturm im ostfriesischen Suurhusen ist bereits um 5,19° geneigt. Damit sind beide Türme deutlich „schräger" als der berühmte Schiefe Turm von Pisa in Italien, der um 3,97° geneigt sein soll.

Nach dem Zweiten Weltkrieg wurde die stark zerstörte Innenstadt Mannheims neu aufgebaut und im Schachbrettmuster angelegt. Deshalb wird Mannheim auch „Quadratestadt" genannt. Bis heute gibt es in der Innenstadt keine Straßennamen, sondern nur eine Buchstaben-Ziffern-Kombination für den jeweiligen Straßenblock, z.B. „B 3".

Nur wenige wissen, dass Friedrich der Große dafür gesorgt hat, dass in Deutschland die Kartoffelpflanze als Nahrungsmittel eingeführt wurde. Frühere Könige hatten die Kartoffel als reine Zierpflanze betrachtet. Friedrich der Große sorgte 1756 durch den „Kartoffelbefehl" dafür, dass die Kartoffel überall in Preußen angebaut wurde.

Die Wewelsburg in Westfalen ist die einzige vollständig erhaltenen Burg in ganz Europa mit einem dreieckigen Grundriss. Ihre ungewöhnliche Form erhielt sie aufgrund des schwierigen Baugeländes, auf dem sie errichtet wurde. Heute ist in der Burg eine Jugendherberge untergebracht.

Deutschland ist das Land mit den meisten Kleingartenvereinen in Europa. In großen Städten und Ballungsräumen wie dem Ruhrgebiet sind kleine Gartenparzellen auf zusammenhängenden Arealen mitten in der Stadt äußerst beliebt. Die Grundidee stammte von dem Arzt Moritz Schreber, der fand, dass Arbeiter, die den ganzen Tag in dunklen Fabriken arbeiten, auch Möglichkeiten zur Erholung im Freien brauchten.

Die Wuppertaler Schwebebahn ist einmalig auf der Welt: Die Waggons hängen an einer Schiene, die entlang von Stahlpfeilern verläuft – sie „schweben".

Quer durch Schleswig-Holstein verläuft der rund 100 km lange Nord-Ostseekanal. Schiffe, die ihn befahren, „sparen" rund 900 km Strecke ein, die sie bewältigen müssten, wenn sie auf natürlichem Weg von Nord- zur Ostsee wechseln würden.

Burganlage von Burghausen

Mit einer Länge von 1,05 km ist die Burg von Burghausen die längste Burganlage Europas. Das Areal, auf dem sie erbaut wurde, liegt auf einem ungewöhnlich schmalen, dafür aber sehr langen Bergplateau.

Der Brocken ist der höchste Berg von Norddeutschlands größtem Mittelgebirge, dem Harz. Als „Blocksberg" war er seit eh und je als Versammlungsort der Hexen und Geister während der Walpurgisnacht verrufen.

Wuppertaler Schwebebahn

# Neugierig geworden?

Willst du noch mehr über Deutschland erfahren? Diese Seite gibt dir Anregungen: Es gibt so viele schöne Orte oder Regionen, dass eine Auswahl schwerfällt. Du kannst auch in ein Museum gehen oder ein Denkmal oder ein besonderes Bauwerk besichtigen. Außerdem gibt es viele tolle Spielfilme, die sich mit der deutschen Geschichte beschäftigen.

## Kennst du schon …

Kölner Dom

**KÖLNER DOM**
Der Kölner Dom ist die dritthöchste Kirche der Welt und gilt als eines der schönsten Beispiele für den Baustil der Gotik.

**WARTBURG**
Wunderschön gelegene Burg, auf der Martin Luther die Bibel ins Deutsche übersetzte.

**DRESDENER FRAUENKIRCHE**
Die Kirche, die als eine der schönsten Deutschlands gilt, existierte über 50 Jahre als ausgebombte Ruine und Mahnmal gegen den Krieg. Heute erstrahlt sie wieder in altem Glanz.

Dresdener Frauenkirche

**SCHLOSS SANSSOUCI**
Als Sommerschloss mit weitläufiger Gartenanlage wurde es für Friedrich den Großen angelegt und hat bis heute nichts von seinem leichten, sorglosen Charakter verloren.

**WEIMAR**
Geschichtsträchtige Stadt, in der die großen Dichter Goethe und Schiller wirkten und 1919 die Weimarer Republik gegründet wurde.

**SPREEWALD**
Viele Häuser der Spreewaldregion liegen auf Flussinseln und sind nur über das Wasser erreichbar, deswegen kommt dort mancherorts der Briefträger mit dem Paddelboot.

Bewohnte Flussinseln im Spreewald

**DOM ZU SPEYER**
Der Dom zählt zum UNESCO-Weltkulturerbe und ist die größte romanische Kirche der Welt.

**NATIONALPARK BERCHTESGADEN**
Der einzige deutsche Nationalpark der Alpen beherbergt zahlreiche seltene Tierarten. Am Königssee liegt der Watzmann, einer der schönsten Berge der Alpen.

## Filmtipps

- **DAS LEBEN DER ANDEREN** (2006, FSK 12): Der Film beschreibt eindringlich die Bespitzelung eines Ehepaars durch einen Hauptmann der DDR-Staatssicherheit.
- **SOPHIE SCHOLL – DIE LETZTEN TAGE** (2005, FSK 12): Die Geschichte der anti-nationalsozialistischen Widerstandsbewegung „Weiße Rose".
- **DAS WUNDER VON BERN** (2003, FSK 6): Film über den überraschenden Erfolg der deutschen Fußballnationalmannschaft bei der Weltmeisterschaft 1954 in Bern (Schweiz).
- **ALMANYA – WILLKOMMEN IN DEUTSCHLAND** (2011, FSK 6): Erzählt die Geschichte türkischer Gastarbeiter in Deutschland.
- **GOOD BYE, LENIN!** (2003, FSK 6): Geschichte einer Frau, die kurz nach der deutschen Wiedervereinigung aus dem Koma erwacht. Um sie zu schonen, spielt ihre Familie ihr vor, dass die DDR noch existiere.
- **LUTHER** (2003, FSK 12): Spielfilm über den Werdegang des Mönchs und Reformators Martin Luther.
- **DAS BOOT** (1981, FSK 12): Antikriegsfilm über eine deutsche U-Boot-Besatzung im Zweiten Weltkrieg.
- **DIE NIBELUNGEN** (1924, FSK 6): Bildgewaltiges Stummfilmepos über die Nibelungensage.

## Besuche doch mal…

**HAUS DER GESCHICHTE (BONN)**
Über 6000 Exponate führen Abschnitte der deutschen Geschichte vor Augen. Eine Erlebnisrallye mit Quizfragen führt durch die Ausstellung.

**BERLINALE**
Bei Deutschlands bedeutendstem Filmfestival werden viele Spielfilme zum ersten Mal gezeigt. Die besten Filme werden mit einem „Bären" ausgezeichnet, dem Wappentier Berlins. Es gibt auch ein Kinderprogramm.

**HOLOCAUST-MAHNMAL (BERLIN)**
Das 2005 fertiggestellte „Denkmal für die ermordeten Juden Europas" soll an die über 6 Mio. Menschen jüdischen Glaubens erinnern, die zur Zeit des Nationalsozialismus ermordet wurden. Das Denkmal besteht aus über 2700 Betonquadern, die die Farbe von Asche aufweisen.

**WEIHNACHTSMÄRKTE**
In fast allen deutschen Städten gibt es in der Adventszeit Weihnachtsmärkte. Die größten befinden sich in Dresden, Leipzig, Stuttgart, Augsburg, Rostock und Braunschweig. Der bekannteste findet in Nürnberg statt. Er heißt „Christkindlesmarkt", weil er alljährlich von der Empore der Frauenkirche aus vom „Christkind" eröffnet wird.

**AUGSBURGER PUPPENKISTE**
Das Marionettentheater wurde durch Fernsehaufzeichnungen ihrer aufgeführten Stücke berühmt, darunter z. B. Jim Knopf.

**EAST SIDE GALLERY (BERLIN)**
Im Berliner Stadtteil Friedrichshain steht ein Stück der Mauer, die einmal Deutschland teilte. Es ist etwa 1,3 km lang und wurde von verschiedenen Künstlern bemalt.

# Glossar

**ABSOLUTISTISCH** In der Herrschaftsform des Absolutismus hat der König uneingeschränkte „absolute" Macht. Die Gesetze gelten für ihn nicht. Friedrich der Große war ein absolutistischer Herrscher.

**ASTRONOMIE** Wissenschaftliche Lehre von Lage, Bewegung und Beschaffenheit von Sternen und anderen Himmelskörpern.

**AUFKLÄRUNG** Zeitalter im 17. und 18. Jh., das geprägt war von neuen Wert- und Moralvorstellungen sowie einer Hinwendung zur Wissenschaft. So verlor etwa die Kirche allgemein an Bedeutung, währenddessen vielerorts Universitäten eingerichtet wurden. Bücher und andere Schriften wurden nicht mehr kirchlich zensiert, was zuvor üblich gewesen war. Philosophen der Aufklärung, wie z. B. Immanuel Kant, ermunterten die Menschen, ein unabhängiges, selbstbestimmtes Leben anzustreben.

Immanuel Kant

**BÜRGERINITIATIVE** Zusammenschluss von Bürgern, um ein bestimmtes politisches Ziel zu erreichen.

**DEMOKRATIE** Regierungsform, bei der die Bürger eines Staats ihre Politiker frei und selbst wählen. Der Begriff stammt aus dem Griechischen und bedeutet so viel wie „Herrschaft des Volkes".

**DIKTATUR** Regierungsform, bei der eine einzelne Person (Diktator) unbeschränkte Macht besitzt und die Politik eines Staats allein bestimmen kann.

**„DRITTES REICH"** Propaganda-Bezeichnung der Nationalsozialisten für die Zeit ihrer Regierung. Adolf Hitler sah sich selbst als Nachfolger der deutsch-römischen Kaiser und wollte ein „Tausendjähriges Reich" begründen, das nach dem Heiligen Römischen Reich und dem Deutschen Kaiserreich von 1871–1933 in der Zählung das „dritte Reich" gewesen wäre.

**ENTNAZIFIZIERUNG** Das Bestreben der Siegermächte, nach Ende des Zweiten Weltkriegs alles nationalsozialistische Gedankengut aus dem öffentlichen Leben der Deutschen zu entfernen. Beinhaltete das Verbot nationalsozialistischer Symbole, das bis heute gilt.

Flagge der Europäischen Union (EU)

**ERZ** Gestein mit hohem Metallgehalt. Es kann durch Bergbau abgebaut und das Metall kann aus dem Gestein gewonnen werden, um reine Materialien wie z. B. Kupfer oder Eisen zu erzeugen.

**EUROPÄISCHE UNION (EU)** Zusammenschluss von europäischen Staaten mit gemeinsamen politischen Zielen. 2012 gehörten 27 Staaten zur EU, von denen 17 eine Wirtschafts- und Währungsunion mit der Gemeinschaftswährung Euro bildeten. Wenn alle Staaten, die einen Antrag auf EU-Mitgliedschaft gestellt haben, aufgenommen werden, könnte die EU bald auf 30 Staaten anwachsen.

**GERMANEN** Bezeichnung für verschiedene Volksstämme, wie z. B. Goten, Cherusker, Kimbern, Angeln, Sachsen usw., die sich ab ca. 4000 v. Chr. auf dem Gebiet des heutigen Deutschland anzusiedeln begannen.

**GLOBALISIERUNG** Der Begriff kommt von „global" und bedeutet „weltumspannend". Er besagt, dass durch Technologien wie das Internet sowohl der Handel als auch der Informationsaustausch in immer höherem Maße weltweit stattfindet und nicht mehr nur regional.

**HANSE** Zusammenschluss von nord- und nordosteuropäischen Handelsstädten im Mittelalter.

**HEILIGES RÖMISCHES REICH DEUTSCHER NATION** Ab der Reichsreform im 15. Jh. allgemein gebräuchliche Bezeichnung für den Zusammenschluss der Kleinstaaten auf deutschem Territorium bis zur Gründung des Deutschen Reichs 1871.

**HOLOCAUST** Bezeichnung für die gezielte Ermordung von Millionen Juden und anderen Menschen während der Zeit des Nationalsozialismus. Das Wort stammt aus dem Griechischen und bedeutet „vollständig verbrannt".

**INFLATION** Andauernder Anstieg der Kaufpreise aller Waren. Hält eine Inflation lange an oder verläuft sie sprunghaft binnen kurzer Zeit, führt sie dazu, dass das Geld seinen Wert verliert.

**KALTER KRIEG** Nach Ende des Zweiten Weltkriegs hielten die Meinungsverschiedenheiten zwischen den demokratisch regierten USA und der kommunistisch regierten Sowjetunion über 40 Jahre lang an. In dieser Zeit bedrohten sich beide Länder und rüsteten sich mit großen Waffenarsenalen. Auch die jeweils verbündeten Staaten wurden in diesen schwelenden Konflikt miteinbezogen. Weil immer wieder mit Krieg gedroht wurde, es aber nie zu einem „richtigen" Krieg kam, wurde zwischen etwa 1949 und 1990 vom „Kalten Krieg" gesprochen.

**KETZER** Abwertende, mittelalterliche Bezeichnung für eine Person, die in drastischer Weise gegen kirchliche Weisungen und Lehren verstieß, diese kritisierte oder einer anderen Glaubensrichtung als dem Christentum angehörte.

**LEGALISIERUNG** Etwas, das zuvor verboten war, nun offiziell zu erlauben.

**LUTHERBIBEL** Martin Luther übersetzte als Erster das Neue Testament der Bibel ins Deutsche. Die erste gedruckte Ausgabe dieser Übersetzung wird als „Lutherbibel" bezeichnet.

Titelblatt einer Lutherbibel aus dem Jahr 1534

**MARSHALL-PLAN** Plan zur finanziellen Unterstützung Westdeutschlands nach Ende des Zweiten Weltkriegs, erarbeitet vom US-Außenminister Graham C. Marshall (1880–1959).

**MIGRANT/MIGRATIONSHINTERGRUND** Migranten sind Menschen, die ihren Wohnsitz von ihrem Heimatland in ein anderes Land, z. B. Deutschland, verlegen. Ihre Einwanderung hierher und ihre Neuansiedlung nennt man zusammengefasst Migration, lateinisch für „Wanderung". Als Menschen mit Migrationshintergrund werden meist diejenigen bezeichnet, die aus Migrantenfamilien stammen.

**MITTELSTAND** Unternehmen (auch Handwerksbetriebe) mittlerer Größe mit bis zu 500 Mitarbeitern, häufig Familienunternehmen. Wichtig für die deutsche Wirtschaft, da ein Großteil der Unternehmen zum Mittelstand gehört.

**(NATIONAL-)STAAT** Ursprünglich stand die Bezeichnung für eine Gruppe vieler Menschen, die freiwillig zusammen in einem klar abgegrenzten Gebiet leben, in dem für alle dieselben politischen und sozialen Regeln gelten. Heute werden auch die einzelnen Länder der Erde als Staaten bezeichnet.

**OPPOSITION** Das Wort kommt aus dem Lateinischen und bedeutet „im Widerspruch zur Mehrheit". In der Politik steht es für alle Parteien, die nicht an der Regierung beteiligt sind.

**OSTBLOCK** Bezeichnete die Staaten, die nach Ende des Zweiten Weltkriegs unter dem Einfluss der Sowjetunion standen. Da sie bis auf die DDR alle in Osteuropa lagen, sprach man vom „Ostblock".

**PAPST** Oberhaupt der katholischen Kirche mit Sitz im Vatikanstaat in Rom. Für die Katholiken gilt der Papst als Gottes Stellvertreter auf Erden.

**PARLAMENT** Aus Wahlen hervorgegangene Zusammensetzung der wichtigsten politischen Organe eines Landes, also Regierung und Opposition. Wird bei demokratischen Staaten auch „Volksvertretung" genannt.

**PLANWIRTSCHAFT** Ab Gründungsdatum der DDR dort eingeführtes Wirtschaftssystem. Eine zentrale Planungsbehörde erarbeitete in der DDR auf Grundlage von Befragungen über Bedürfnisse der Bevölkerung einen Produktionsplan für sämtliche Verbrauchsgüter im Land. Das hat aber nie geklappt: Von den meisten Waren gab es stets zu wenig, von wenigen anderen Waren gab es plötzlich viel zu viel.

**PREUSSEN** Mächtigster und größter Teilstaat des Deutschen Reichs, ursprünglich mit Lage in Ostdeutschland und Teilen Osteuropas.

**PROPAGANDA** Versuch, die zumeist politischen Sichtweisen einer Gruppe von Menschen gezielt zu formen und zu steuern. Bestehende Sichtweisen sollen so manipuliert werden, dass immer die gewünschte politische Meinung erreicht wird.

**REFORMATION** Kirchliche Erneuerungsbewegung im 16. und 17. Jh., ausgelöst durch die Lehre Martin Luthers. Er kritisierte die katholische Kirche und stellte die Lehre für die protestantische bzw. evangelische Kirche auf.

**REPUBLIK** Staatsform, bei der vom Volk gewählte Politiker die Regierung bilden und Gesetze machen. Das Wort stammt vom lateinischen „res publica" ab und bedeutet so viel wie „Sache der Öffentlichkeit".

**REVOLUTION** Meist gewaltsamer Sturz einer Regierung oder eines politischen Systems.

**SCHWARZMARKT** Markt, der vom Staat nicht gebilligt wird und auf dem der Handel somit illegal ist.

**SEKTORENGRENZE** Offizielle Bezeichnung für die Grenzen zwischen den nach dem Zweiten Weltkrieg von verschiedenen Siegermächten besetzten Stadtteilen Berlins.

**SOLIDARITÄTSZUSCHLAG** Zusätzliche Steuerabgabe, die 1991 nach der Wiedervereinigung eingeführt wurde und bis heute vor allem den Aufbau der neuen Bundesländer vorantreiben soll.

**SOWJETUNION** Kommunistisch regierter Staat, der auf dem Gebiet Russlands und mehrerer anderer osteuropäischer und asiatischer Staaten (= Sowjetrepubliken) von 1922 bis 1991 bestand.

**SOZIALE MARKTWIRTSCHAFT** Vom Wirtschaftsminister Ludwig Erhard 1948 eingeführte Wirtschaftsordnung Deutschlands. Es herrscht freier Wettbewerb, doch im Gegensatz zur freien Marktwirtschaft greift der Staat durch Gesetze und Schutzmaßnahmen, wie Kündigungsschutz oder Mutterschutz, regulierend ein, um soziale Ungerechtigkeiten zu verhindern.

**SOZIALISMUS** Politische Richtung, die die Grundideale „Gleichheit" und „Brüderlichkeit" besonders betont. Nach sozialistischer Vorstellung soll es weder besonders reiche noch besonders arme Menschen geben, sondern alle sollen idealerweise gleich viel haben. Betriebe sollen daher nicht in der Hand von Einzelpersonen oder großen Firmen sein, sondern von den Arbeitern selbst bewirtschaftet werden. Obwohl die Idee vom Ansatz her gut klingt, hat eine sozialistische Regierungsform in der Praxis noch nie gut funktioniert.

**UNESCO-WELTERBE** Besonders herausragende Kultur- oder Naturdenkmäler, die von der UNESCO, der Kulturorganisation der Vereinten Nationen, als für die gesamte Menschheit herausragend bedeutend eingestuft wurden.

**VERFASSUNG** In seiner Verfassung legt ein Staat seine Regierungsform fest, z. B. ob eine demokratisch gewählte Regierung oder ein König das Land regieren soll. Zudem wird festgelegt, wie viel Macht Polizei, Streitkräfte oder andere Staatsorgane haben sollen und welche Grundrechte den Bürgern des Landes zustehen.

**VERSAILLER VERTRAG** Waffenstillstandsabkommen, das das Ende des Ersten Weltkriegs besiegelte.

**VOLKSABSTIMMUNG** Direkte Befragung aller Bürger eines Landes über ein politisches Thema, meist mittels Fragebogen.

**VOLKSKAMMER** Parlament der DDR.

**WEIMARER REPUBLIK** Erste demokratisch regierte Republik auf deutschem Boden. Existierte von 1918 bis 1933 und war geprägt von einer Zeit politischer Instabilität. Der Weimarer Republik folgte die Zeit des Nationalsozialismus in Deutschland.

**WIRTSCHAFTSKRISE** Bezeichnung für einen unerwarteten Einbruch der Wirtschaftsleistung eines Staats und damit einhergehende Negativeffekte, wie z. B. eine Erhöhung der Arbeitslosenquote oder steigende Firmenpleiten.

**ZENSUR** Kontrolle von z. B. Büchern, Tageszeitungen, Filmen oder Fernsehsendungen mit dem Ziel, von der Regierung eines Staats unerwünschte Gedanken zu unterdrücken, sodass nur die Veröffentlichungen erscheinen, die in das politische Weltbild des Staats passen.

Das Holstentor in der Lübecker Altstadt zählt zum UNESCO-Weltkulturerbe.

# Register


## A B

Adenauer, Konrad 30, 68
Aufklärung 21, 66
Auto 6, 35, 50–51, 60
Bach, Johann Sebastian 57
Barbarossa *siehe* Friedrich I.
Barth, Heinrich 60
Beethoven, Ludwig van 56, 57
Benz, Karl 60
Berlin 6, 7, 9, 25, 26, 28, 30, 32, 35, 37–40, 42, 47, 53, 60, 65, 69
Berliner Mauer 32, 36, 37, 69
Beuys, Joseph 55
Bier 6, 7, 48
Bismarck, Otto von 23, 65
Blauer Reiter 55
Böll, Heinrich 52
Börse 12
Brahms, Johannes 57
Brandenburger Tor 9, 42
Brandt, Willy 33, 68
BRD 9, 30, 32, 36, 38, 39, 59, 65, 66
Brecht, Bertolt 53
Brücke, Die (Künstlergruppe) 55
Brüder Grimm 7, 11, 53
Buchdruck 20, 60
Bundeskanzler 30, 33, 39–41, 65, 68
Bundesländer 8, 21, 38–42, 44, 45, 68
Bundespräsident 41, 47, 68
Bundesrat 40, 41
Bundesregierung 9, 40, 41, 43
Bundestag 9, 39–42
Bundesverfassungsgericht 40, 41
Busch, Wilhelm 53, 66

## C D E

Carstens, Karl 68
Chemieindustrie 50
Christentum 47
D-Mark 31, 35, 38
Daimler, Gottlieb 60
DDR 9, 30–39, 53, 58, 59, 62, 63, 65–67, 69
Demokratie 27, 31, 36, 38, 40
Deutsches Kaiserreich 23, 24, 65
Deutsches Reich 26–27, 28–29, 30, 65
Dreißigjähriger Krieg 21, 64
„Drittes Reich" 27
Dürer, Albrecht 54
Einstein, Alfred 66
Erhard, Ludwig 68
Erster Weltkrieg 24–26, 67
Euro 50, 65
Europäische Union (EU) 43
Expressionismus 55

## F G

Frank, Anne 29
Frankfurt am Main 8, 12, 29, 52, 53
Frauenwahlrecht 65
Freie Deutsche Jugend (FDJ) 34
Friedrich I. (Barbarossa) 19, 64
Friedrich II. (der Große) 21, 23, 64, 66, 68
Friedrich, Caspar David 54
Fugger, Jakob 66
Funke, Cornelia 53
Fußball 46, 62, 63, 67
Gauck, Joachim 68
Gewaltenteilung 40
Globalisierung 51, 70
Goethe, Johann Wolfgang von 49, 52, 53, 69
Goldene Zwanziger 26
Gorbatschow, Michail 36, 37
Grass, Günter 52, 53
Grönemeyer, Herbert 58
Gropius, Walter 55
Grundgesetz 40, 41, 43, 46
Grundrechte 40, 43
Grünewald, Matthias 54
Gutenberg, Johannes 60

## H I

Hanse 10, 67
Hamburg 6, 8, 10, 51, 68
Händel, Georg Friedrich 57, 66
Hauff, Wilhelm 53
Heiliges Römisches Reich (Deutscher Nation) 19, 21, 22, 64, 65
Heine, Heinrich 23
Heinemann, Gustav 68
Hesse, Hermann 52
Heuss, Theodor 68
Himmelsscheibe von Nebra 17
Hitler, Adolf 26–28, 40, 65
Holocaust 29, 69
Honecker, Erich 37
Humboldt, Alexander von 61
Immendorf, Jörg 55
Industrie 8, 10–12, 33, 39, 45, 50
Integration 46
Islam 47

## K L M

Kalter Krieg 32
Kandinsky, Wassily 55
Karajan, Herbert von 56
Karl der Große 18, 19, 64
Karneval 7, 47
Kiesinger, Kurt Georg 68
Kissinger, Henry 48
Kohl, Helmut 39, 68
Köhler, Horst 68
Kolonialismus 65
Kommunalwahl 42
Kraftwerk 59
Landtagswahl 42
Landwirtschaft 9, 14, 44
Lang, Fritz 52
Lessing, Gotthold Ephraim 53
Limes 17, 64
Lindenberg, Udo 58
Loreley 8
Lübke, Heinrich 68
Luther, Martin 20, 64, 69
Mann, Thomas 52
Marc, Franz 55
Marktwirtschaft 31, 39
Marshall-Plan 30, 31, 50
Marusha 59
Marx, Karl 31, 67
May, Karl 53
Mendelssohn Bartholdy, Felix 57
Merkel, Angela 41, 68
Migrationshintergrund 46
Mittelalter 18–19, 54
Mittelstand 50
Montagsdemonstrationen 36
Moschee 47
MP3 60
Müller, Herta 52
München 7, 9, 12, 13, 29, 49, 62, 65, 68

## N O P

Napoleon Bonaparte 22, 64, 65
Nationalsozialismus 26, 27, 29, 31, 32, 34, 47, 65, 69
Neues Forum 38
Nobelpreis 52, 60, 61, 66
NSDAP (Nationalsozialistische Deutsche Arbeiterpartei) 26, 27
Ölkrise 33, 65
Otto der Große 64
Parteien, politische 30, 39, 42, 68
Planwirtschaft 31, 39
Preußen 21, 22, 23, 29, 64–66, 68
Preußler, Otfried 52, 67

## R S

RAF (Rote Armee Fraktion) 33, 65
Ratzinger, Joseph (Papst Benedikt XVI.) 67
Rau, Johannes 68
Rauch, Neo 55
Recycling 50
Reformation 18, 20, 21, 64
„Reichskristallnacht" 27
Reichsmark 26, 31
Riemenschneider, Tilman 54
Ritter 18
Rohe, Mies van der 55
Roman, Herzog 68
Röntgen, Wilhelm Conrad 61
Scheel, Walter 68
Schiller, Friedrich 52, 56, 69
Schmidt, Helmut 68
Scholl, Hans und Sophie 29, 69
Schröder, Gerhard 68
Schumann, Robert 57, 67
Schweitzer, Albrecht 67
Siemens, Werner von 67
Solidaritätszuschlag 39
SED (Sozialistische Einheitspartei Deutschlands) 34, 35, 38, 67
soziale Marktwirtschaft 50
Stasi (Ministerium für Staatssicherheit) 34, 35, 37
Stockhausen, Karlheinz 57
Stoß, Veit 54

## V

Varusschlacht 17, 64
Verfassungsrichter 40
Völkerwanderung 17, 18, 64

## W Z

Wagner, Richard 57
Währungsreform 31, 38
Weimarer Republik 24, 65, 69
Weiße Rose 29, 69
Weizsäcker, Richard von 41, 68
Wiedervereinigung 38, 39, 65
Wiener Kongress 22, 65
Wilhelm I. 23, 65
Wilhelm II. 24, 25, 65
Wilhelm IV. 23
Wirtschaftswunder 31, 65
Zweiter Weltkrieg 6, 12, 26, 28, 32, 33, 50, 64, 65, 68–69


# Dank und Bildnachweis


**Der Verlag dankt** Andrea Göppner für ihre Unterstützung bei Konzeption und Redaktion,

Martin Copeland, Rob Nunn, Myriam Megharbi, Emma Shepherd, Fergus Muir und Matthew Knight (DK London) für die Hilfe bei der Bildredaktion und Gertrud Döffinger für das Korrektorat.

**Der Verlag dankt folgenden Personen und Institutionen für die freundliche Genehmigung zum Abdruck von Fotos:**

(Abkürzungen: o = oben, go = ganz oben, u = unten, m = Mitte, l = links, r = rechts, Hg = Hintergrund)

**1** Fotolia: Doc RaBe. **2** akg-images: Picture Alliance/Helga Lade Fotoagentur Gmbh, Ger/David Hornback/Helga Lade (gor); Michael Teller (mlo); (mr). Fotolia: Eisenhans (gom/l, gom/m, gom/r); Jan-Dirk (gol); sumnersgraphicsinc (mlu); Viktor (ur); S. Hagebusch (ul). **3** Corbis: E. Streichan. **4** akg-images: Picture Alliance/Chromorange/P. Widmann (gul,ur). Fotolia: RRF (ol); Charles Taylor (gor) (mit frdl. Genehmigung der Volkswagen AG). **5** Photoshot: Peter Endig. **6** Fotolia: jarma (ul); Viktor (ml); Elzbieta Sekowska (m). **6-7** Fotolia: C. Schiller (u). **7** akg-images: Picture Alliance/DPA/DPAweb/Frank Leonhardt (gol); Picture Alliance/DPA/Roland Weihrauch (ur). Fotolia: Jan-Dirk (gor). **8** akg-images: Picture Alliance (m); Picture Alliance/YPS Collection/Peter Neumann (mlo). Fotolia: LianeM (ul). **9** Fotolia: beatuerk (mru); Rico K. (gor); OHRAUGE (mo); MAZDA (ul). **10** akg-images: L. M. Peter (mr). Fotolia: BildPix.de (gor); Norbert Dörnbach (ml). **10-11** Fotolia: Gabriele Rohde. **11** Fotolia: AV (gor); York (gol); SchneiderStockImages (mr). **12** akg-images: Picture Alliance/Chromorange/P. Widmann (u). **13** akg-images: Picture Alliance/Arco Images GmbH/Wittek, R. (gor). Fotolia: Arnd Drifte (mlo); Picturenick (gol); Olga Vasilkova (mu); RRF (mlu). **14** akg-images: SMB, Nationalgalerie (gor). Fotolia: motivjaegerin1 (mlo); Steffbiene (mr). **14-15** Fotolia: Markus Hofmann. **15** Fotolia: Xaver Klaußner (gor); Jens Klingebiel (gol); MLK (mr). **16** akg-images: Picture Alliance/Arco Images GmbH/Boensch, B. (mo). **16-17** akg-images. **17** akg-images: euroluftbild.de/Hans Blossey (ur). Photoshot: Peter Endig (gol). Fotolia: M. Schuckart (gor). **18** akg-images: Picture Alliance/Arco Images GmbH/Weimann, P. (l). **19** akg-images: (gol, gor). Fotolia: Tatjana Balzer (mr); Whyona (ul); Martin Schlecht (ur). **20** akg-images: National Museum (m); (gor, ul). 20-21 akg-images. **21** akg-images: (gor); Picture Alliance/EPD/www.relivision.com/Norbert Neetz (mlo). **22** akg-images: (mro, u). **23** akg-images: Coll. Archiv für Kunst & Geschichte. (mr); (gor, mlo). Fotolia: ArTo (gol); ASonne30 (ur). **24** akg-images: Jean-Pierre Verney (u). Getty Images: De Agostini Picture Library/DEA/A. Dagli Orti (gor). **25** akg-images: Coll. Archiv für Kunst & Geschichte. (ul); (gor, ml, mr, ur). **26** akg-images: IAM/World History Archive (gor); Imagno (ul); (mu). **26-27** akg-images. **27** akg-images: Album/M. Flynn/Prisma (mr); (mlo, gor). **28-29** akg-images: (go). **28** akg-images: (ml, u). **29** akg-images: Voller Ernst/Chaldej (ul); Wittenstein (gor); (mro, ml, mr, um). **30** akg-images: Coll. Archiv für Kunst & Geschichte. (ml); Picture Alliance/Günter Bratke (gor); (ul). Fotolia: Jürgen Priewe (ugr, ur). **31** akg-images: (gom, gor); (ul, ur). Fotolia: AndreasJ (m); Reinalde Roick (mlo). **32** akg-images: (u); Ullstein Bild (gor). **33** akg-images: Picture Alliance (gor); Picture Alliance/dpa – Bildarchiv/Bertram (mlo); (mlu); Picture Alliance/dpa – Bildarchiv/Roland Scheidemann (ur). **34** akg-images: (ml, mru); Dieter E. Hoppe (gor); Picture Alliance/dpa – Bildarchiv (ul). **35** akg-images: (gor, m); Anna Weise (gol); Picture Alliance/Helga Lade Fotoagentur Gmbh, Ger/David Hornback/Helga Lade (ul). **36** akg-images: (gor, ml, ul); Picture Alliance/ZB/dpa (mr). **37** akg-images: Kai-Olaf Hesse (ul, mru); Picture Alliance/dpa – Bildarchiv/Frank Kleefeldt (gor). **38** akg-images: Picture Alliance ZB - Fotoreport/Peer Grimm (go); Picture Alliance/dpa - Bildarchiv/Fischer (ul). **39** akg-images: (m, mr); Straube (gom); Picture Alliance/ZB – Fotoreport / Hubert Link (ul). Fotolia: Thomas Winkler (ur). **40-41** akg-images: Picture Alliance/dpa/Uli Deck (go); Picture Alliance/dpa/Tobias Kleinschmidt (u). Mit frdl. Genehmigung der Bundeszentrale für politische Bildung: ml. **41** akg-images: Picture Alliance/ZB/dpa/Robert Schlesinger (gor); RIA Nowosti (mr); (um). **42** akg-images: Picture Alliance/dpa/Stefan Sauer (gor). Fotolia: MaxWo (ml). Logo-Abdruck mit frdl. Genehmigung der SPD, CDU, FDP, Bündnis 90/Die Grünen und Die Linke. **43** akg-images: Picture Alliance/dpa/Herbert Knosowski (u). Fotolia: Sven Hoppe (gor). **44** akg-images: Picture Alliance/dpa-Zentralbild/Sebastian Kahnert (mr); Picture Alliance / Chromorange/P. Widmann (l). **45** akg-images: Picture Alliance/dpa-Zentralbild/Jens Wolf (ml); Picture Alliance/ZB/dpa - Report/Thomas Lehmann (u). **46** akg-images: Picture Alliance/dpa-Zentralbild/Waltraud Grubitzsch (mr); Picture Alliance/augenklick/firo Sportphoto (ul). **47** akg-images: Picture Alliance/R4200 (gol); Picture Alliance/dpa/Emily Wabitsch (gor); Picture Alliance/dpa/Jochen Lübke (ml); Picture Alliance/dpa - Report/Roland Weihrauch (ur). Getty Images: Sean Gallup (ul). **48** akg-images: Picture Alliance/dpa/Rainer Jensen (mro); Picture Alliance/Alfons Rath (u). Fotolia: Eisenhans (mr/ll, mr/m, mr/r). **49** akg-images: (gol); Picture Alliance/dpa/Goethe-Instituts Tel Aviv (mr); Picture Alliance/BREUEL-BILD/Juri Reetz (ul). Fotolia: Alexander Raths (gor). **50** akg-images: Picture Alliance/dpa - Report/BASF (ml). © Copyright BMW AG, München (Deutschland) (mr). Fotolia: Oli_ok (mu). **50-51** Fotolia: VRD. **51** akg-images: Picture Alliance/dpa-Zentralbild/Hans Wiedl (gol); Picture Alliance/dpa - Fotoreport/Daimler-Benz (gor). Fotolia: Marco2811 (mr). **52** akg-images: Bildarchiv Pisarek (ugl, ul); Gert Schütz (um); Doris Poklekowski (ugr). Fotolia: Ralph Maats (mr). Getty Images: Lutz Bongarts (ur). **53** Isabella Merk ol. akg-images: (gor, ml, mru); Picture Alliance/dpa-Zentralbild/Jens Kalaene (ur). Mit frdl. Genehmigung der Verlagsgruppe Oetinger, Hamburg: (mgl). **54** akg-images: Unterlinden Museum (gor). Corbis: The Gallery Collection (mu). Getty Images: Imagno/Hulton Archive (ml). **55** akg-images: (gol, gor); (mru, ul); Imagno/Christian Skrein (ur). Getty Images: Pierre Jahan/Roger Viollet (m). **56** akg-images: Beethoven-Haus Bonn (mr); Picture Alliance/dpa - Report/Patrick Seeger (gol); (mo); Picture Alliance/dpa - Report/Horst Ossinger (ul). **57** akg-images: City History Museum (ugl); Private Collection (mogr); Stadtmuseum (ul); (um, ur, ugr). **58** akg-images: Picture Alliance/rtn - radio tele nord/rtn, ulrike blitzner (gor); Picture Alliance/dpa-Zentralbild/Thomas Schulze (ml); Picture Alliance/dpa-Zentralbild/Günter Gueffroy (mr). Getty Images: Richard E. Aaron/Redferns (ul). **59** akg-images: Picture Alliance/Eventpress Radke (gol); Picture Alliance/dpa - Bildarchiv/Istvan Bajzat (gor); Picture Alliance/Eventpress Herrmann (mro); Picture Alliance/dpa - Bildarchiv/Fotoreport EMI Peter Boettcher (mr); Picture Alliance/dpa - Report/Hubert Boesl (ul); Picture Alliance/dpa - Report/Zentralbild/Andreas Lander (ur). **60** akg-images: Picture Alliance/imagestate/HIP/Ann Ronan Picture Library (gor); akg-images: Picture Alliance/dpa - Bildarchiv/Fotoreport Deutsche Grammophon (m); (mr, ul). Fotolia: ChantalS (ml); rook76 (mro). **61** akg-images: (go, ur). **62** akg-images: Picture Alliance/augenklick/firo Sportphoto (mr); Picture Alliance/dpa/Steffen Kugler (ul). Getty Images: AFP Photo/Daniel Janin (gor). **63** akg-images: Picture Alliance/Norbert Schmidt (gol); Picture Alliance/RACE-PRESS.com (gor); Picture Alliance/dpa - Report/Karl Schnörrer (ml); Picture Alliance/Augenklick/Rauchensteiner (m); Picture Alliance/dpa/Hannibal Hanschke (mr); Picture Alliance/Sven Simon/Volker Essler (ul); Picture Alliance/dpa-Zentralbild/Martin Schutt (ur). **64-71** Getty Images: Photodisc/Martin Child (Hg) **64** Fotolia: Ellie Nator (ur); Vieraugen (ul). **65** akg-images: Picture Alliance/dpa - Bildarchiv/Heckmann (m). Fotolia: Anne Katrin Figge (gor). **66** akg-images: (mo, m, mru); Michael Zapf (ml); Picture Alliance/dpa - Fotoreport/Heinz Unger (gor). Fotolia: fotodo (ul). **67** akg-images: (um, gol, mo); Doris Poklekowski (mro); Michael Teller (ml). **68** Fotolia: Marco Birn (gor); Grum_l (Grafik); seen (mru). Mit frdl. Genehmigung des Touristikbüros der Stadt Burghausen ul. **69** Corbis: Robert Wallis (ur). Fotolia: dieter76 (m); ultralife (mlo); lagom (mro); S. Hagebusch (ml). **70** akg-images: Bildarchiv Monheim (mr); Schiller-Nationalmuseum (ml). Fotolia: Jürgen Priewe (gom). **71** Fotolia: dd (u).

**Poster:** akg-images: mugl/ (Turm der blauen Pferde), mru/ (Hambacher Fest), mu/ (Auto), ur/ (Anne Frank), ul/ (Humboldt); Beethoven-Haus Bonn ml/ (Beethoven); City History Museum mgl/ (Bach); National Museum mr/ (Luther); Picture Alliance/dpa - Report/Hubert Boesl ml/ (Tokio Hotel); Picture Alliance/dpa/Steffen Kugler mlo/ (Fußball-Fans); Picture Alliance/YPS Collection/Peter Neumann mro/ (Containerschiff); Westfälisches Schulmuseum ugl/ (Gutenberg). © Copyright BMW AG, München (Deutschland): gor. Corbis: Robert Wallis gugr. Fotolia: Tatjana Balzer mgr/ (Schloss); Jan-Dirk gol; Zlatan Durakovic mro/ (Reichstag); Ralph Maats mlu/ (Goethe/Schiller). Mit frdl. Genehmigung der Verlagsgruppe Oetinger, Hamburg: mlu.

**Cover:** *Vorn:* akg-images: mol. Corbis: E. Streichan mogr. Fotolia: sumnersgraphicsinc mro; Charles Taylor mogl (mit frdl. Genehmigung der Volkswagen AG); Doc RaBe gor. Getty Images: Photodisc/Martin Child u. *Hinten:* akg-images: Picture Alliance/augenklick/firo Sportphoto mu (mit frdl. Genehmigung von Mesut Özil, Sami Khedira und des DFB). © Copyright BMW AG, München (Deutschland): m. Corbis: Robert Wallis gor. Fotolia: ultralife ml; spuno mr.



Alle anderen Abbildungen © Dorling Kindersley


Weitere Informationen unter www.dkimages.com

**Weitere Themen in dieser Reihe:**
**(Bandnummer in Klammern)**

Das alte Ägypten (8)
Das alte Griechenland (21)
Das alte Rom (38)
Arktis & Antarktis (67)
Autos (25)
Azteken, Inka & Maya (28)
Bedrohte Tiere (5)
Burgen (24)
Christentum (34)
Computer (51)
Demokratie (30)
Deutschland (63)
Dinosaurier (1)
Edelsteine & Kristalle (62)
Eisenbahnen (19)
Der Erste Weltkrieg (68)
Die ersten Menschen (26)
Evolution (50)
Fahrzeuge & Transport (65)
Fische (13)
Flugmaschinen (41)
Fossilien (47)
Fußball (53)
Geld (59)
Gesteine & Mineralien (17)
Große Entdecker (12)
Große Musiker (42)
Große Wissenschaftler (33)
Haie (10)
Hunde (39)
Indianer (18)
Insekten (35)
Islam (56)
Katzen (23)
Klimawandel (11)
Kriminalistik (44)
Der Mensch (2)
Das moderne China (58)
Mond (57)

Musikinstrumente (14)
Mythologie (31)
Naturwissenschaften (7)
Ozeane (32)
Pferde (43)
Pflanzen (48)
Piraten (36)
Pyramiden (60)
Raubtiere (52)
Regenwald (20)
Ritter (16)
Säugetiere (45)
Schätze (6)
Spione (9)
Städte (3)
Strand & Meeresküste (55)
Teiche & Flüsse (27)
Tiere (64)
Titanic (22)
Urzeit (66)
Vögel (29)
Vulkane (37)
Waffen & Rüstungen (61)
Wasser (40)
Weltall (15)
Wetter (46)
Wikinger (49)
Wirtschaft (4)
Der Zweite Weltkrieg (54)